中国物流专家专著系列·2017

北京农产品物流模式创新研究

唐秀丽　著

中国财富出版社

图书在版编目（CIP）数据

北京农产品物流模式创新研究／唐秀丽著．—北京：中国财富出版社，2017.11

（中国物流专家专著系列）

ISBN 978－7－5047－4772－3

Ⅰ.①北…　Ⅱ.①唐…　Ⅲ.①农产品－物流－经济模式－研究－北京　Ⅳ.①F724.72

中国版本图书馆 CIP 数据核字（2017）第 296310 号

策划编辑　郑欣怡　　**责任编辑**　邢有涛　张宁静

责任印制　梁　凡　　**责任校对**　孙丽丽　　**责任发行**　敬　东

出版发行　中国财富出版社

社　　址　北京市丰台区南四环西路 188 号 5 区 20 楼　　**邮政编码**　100070

电　　话　010－52227588 转 2098（发行部）　010－52227588 转 321（总编室）

010－52227588 转 100（读者服务部）　010－52227588 转 305（质检部）

网　　址　http://www.cfpress.com.cn

经　　销　新华书店

印　　刷　北京九州迅驰传媒文化有限公司

书　　号　ISBN 978－7－5047－4772－3/F·2842

开　　本　710mm×1000mm　1/16　　**版　　次**　2017 年 11 月第 1 版

印　　张　7　　**印　　次**　2017 年 11 月第 1 次印刷

字　　数　91 千字　　**定　　价**　39.00 元

前　言

在农产品质量安全存在危机、价格波动较大等背景下，如何保证农产品从地头到餐桌的供应、质量安全、降低成本已经成为亟待解决的问题。本书立足于服务大型消费城市北京，站在流通的视角，以控制产品资源为手段控制流通渠道、以物流作载体整合农产品全产业链上资源，提出了一种新的物流模式——全产业链重产品型农产品物流模式。该模式以掌控农产品资源为抓手，通过全产业链重产品型流通组织模式创新，引导传统生产方式的改变，促进流通组织规模化，缩短流通渠道，保障农产品质量安全，实现价格控制的主导权，解决当前农产品价格、质量安全、农民增收的问题；通过全产业链重产品型农产品物流资源整合模式创新，以物流来整合与优化全产业链上资源，实现生产、流通与物流系统的协同，从而降低农产品流通成本，提高物流效率。

本书共分6章。第1章分析北京市农产品生产及流通现状；第2章研究基于成本比较的农产品价格影响因素，重点分析了生产方式、物流及流通环节对农产品价格的影响；第3章分析了不同生产方式对农产品流通和物流的影响；第4章提出了全产业链重产品型农产品流通组织模式创新，对农产品现有流通模式进行比较分析，提出了全产业链重产品型农产品流通模式，对该模式进行了概念界定及模式内容详细阐述，并对该模式进行效率评价；第5章提出了全产业链重产品型农产品物流资源整合创新，提出了基于网格化理论的农产品物流资源整合模型，并进行资源整合仿真模拟及效果分析；第6

章是研究结论。

本书在撰写过程中参考了国内外的大量文献和研究成果，限于本书体例，标注的参考文献难免会存在疏漏，在此向所有文献和资料的作者及单位表示衷心的感谢！本书的研究内容得到了北京市社会科学基金项目（12JGC107）的支持，对此深表感谢。感谢单位及领导同事的支持！我的研究生们为本书做了大量的资料收集和整理工作，在此对他们的辛勤工作表示衷心的感谢！

由于作者水平有限，书中难免存在纰漏，敬请广大读者批评指正。

唐秀丽

北京物资学院物流学院

2017 年 10 月

目　录

1　北京市农产品生产及流通现状

北京是果蔬农产品消费的大城市，农产品流通是否畅通与市民的根本利益息息相关。近年来，北京市都市型农业快速发展，在着眼于农产品品牌战略实施的同时，努力提高京郊地区农产品质量和水平，着力培育一批价值含量高的特色型果蔬农产品，以满足不同层次消费群体的多样化消费需求，从农业的角度推动北京市经济的蓬勃发展。

北京市在立足自身实际条件的基础上，以消费者需求为导向，着力发展壮大自己的优势产业；在立足本市农业资源条件的基础上，创造特色型农产品，满足个性化需求，提升农产品质量，增加农业生产效益，努力创造满足各方的最大利益。

1.1　北京市农产品生产现状

北京是一座大型农产品消费城市，其大部分农产品来自外地，自给自足程度较低，这导致农产品以批发市场模式为核心在北京流通。据统计，北京市的批发市场的蔬菜流通率达到90%。北京本地所产的农产品主要由种植业产品和养殖业产品组成，其中种植业产品以蔬菜和特色水果为主，养殖业产品则分为畜牧业产品和渔业产品。北京市各区依靠自己的特色产品和优势产业大力推进特色良种产业的发展，形成了具有一定规模的产业体系，提升了本产地农产品的竞争力，使本产地农产品综合水平在全国范围内保持领先地位。经实地调研和查阅相关资料，发现占据北京市农产品产量前三位的区是大兴、通州和顺义。声名在外的产品有：大兴的粮食、油料、蔬菜、干鲜果品以及肉类；通州的蔬菜、粮食、棉花、奶类；顺义的粮食、蔬菜、肉类；密云的蔬菜、奶类；平谷的干鲜果品；延庆的奶类。具体如下所述。

1.1.1 果蔬农产品生产方式以散、小为主

北京市由于特殊的地理环境等因素的限制，目前果蔬农产品的生产方式仍以散、小为主，无法形成规模效益，从而导致农民在市场交易中毫无话语权。此外，散、小的生产方式也导致了其流通环节成本的增加。这种生产方式已成为限制北京市果蔬农业发展的主要原因。表 1 - 1 为 2007—2013 年北京市主要农产品产量。

表 1 - 1　2007—2013 年北京市主要农产品产量　单位：万吨

年份	粮食	油料	蔬菜	果品	牛奶	肉类	禽蛋	水产	棉花
2007	120.0	2.1	340.2	91.1	61.9	47.9	15.5	6.0	0.2
2008	125.4	2.1	321.4	89.9	62.2	45.2	15.1	6.1	0.1
2009	124.7	1.7	317.2	90.4	66.5	47.1	15.3	5.8	0.1
2010	115.6	1.5	303.1	85.5	67.5	46.2	15.2	6.2	—
2011	121.7	1.3	297.1	87.9	64.2	44.3	15.1	6.1	0.1
2012	113.7	1.2	280.1	84.4	65.1	43.2	15.1	6.3	—
2013	116.2	1.2	281.2	85.1	65.3	42.3	15.2	6.2	0.1

1.1.2 果蔬农产品自给率偏低，对外依存程度高

据调查统计，北京作为大型的农产品消费城市，目前市内流通的农产品只有不到1/5产自本地，而剩余部分主要从外地进口，通过各种流通主体进入北京。

从外省农产品进京主要通道的流量来看，西南方向（京港澳高速公路和107国道）约占北京市物流量的17%；正南方向（京开高速公路和106国道）约占20%；东南方向（京沪高速公路、京哈高速公路）约占25%；东北方向（机场高速公路、101国道、大广高速公路）约占20%；西北方向（京藏高速公路、110国道）约占18%。

1.1.3 果蔬农产品品种不断增多

鉴于北京市自身土地资源短缺等实际情况，本地企业已经意识到要利用科技走特色农业的道路，不断调整农业种植结构，各区立足自身优势，扬长避短，对特色农产品进行错位生产，在避免过度竞争的同时又促进了产品结构优化；在引导种植结构调整的同时，增加了生产效益。

1.2 北京市农产品流通现状

1.2.1 市场交易量巨大

北京作为果蔬农产品消费的大型城市，每天都有巨大的交易量。表1－2为2008—2014年北京市商品交易市场主要农产品的交易量。

表 1－2　2008—2014 年北京市商品交易市场主要农产品的交易量[①]　　单位：吨

农产品名称＼年份	2014	2013	2012	2011	2010	2009	2008
粮　食	3363393	3059050	2979078	2784099	2410585	2387429	1434517
食用植物油	524003	588499	519479	492622	451921	390369	347341
猪　肉	388695	388542	383891	353298	344244	387776	258273
牛　肉	97402	88080	77784	94629	100638	125344	62946
羊　肉	83127	70464	65282	76600	88943	114802	84009
家　禽	71226	60402	59943	54431	50143	42517	44517
鲜　蛋	412210	353403	312435	263219	223784	193778	204531
鲜　菜	13680882	12394505	10966243	11043840	15116486	14800038	8742964
鲜瓜果	8866411	7488604	7145718	6188660	5527118	4889565	4062102
水产品	968393	728654	684877	515223	609425	459021	400996
总　计	28455742	25220203	23194730	21866621	24923287	23790639	15642196

1.2.2　京郊所产的果蔬农产品主要销往城区

据北京市农村工作委员会发布的消息，京郊地区的农产品主要销往北京城区，部分特色产品销往国际市场。据不完全统计，北京市有 270 多家农产品物流配送企业，配送对象涵盖各类团体，其中与市区主要连锁超市直接进行业务往来的配送中心占 50% 以上。调查走访的几家配送中心农产品的消费市场主要在北京城区，约占 95%。值得一提的是，销往批发市场及农贸市场的农产品比重下降，而销往餐饮企业和超市的农产品销量却不断增加，这说明农产品加工深度正不断提高。

① 资料来源：相关年份的《北京统计年鉴》。

1.2.3 流通主体仍以批发市场为主

现阶段，北京市已形成了以批发市场为主体、以其他流通主体为支撑的果蔬农产品流通体系。北京市农产品的对外依存程度很高，大部分其他省份的农产品通过北京市的各大批发市场进京，还有一部分农产品通过新型流通渠道（如大型超市、农产品加工企业、物流配送企业等）到达消费者手中。据2015年的《北京统计年鉴》统计，截至2014年年底，北京市共有商品交易市场728个，其中农产品综合交易市场213个，占总市场数的29%；成交额占农产品综合交易市场的83%，占全市市场成交额的40.6%。在专业市场中，北京市农产品专业市场52个，其中蔬菜市场15个，干鲜果品市场3个。据统计，农产品专业市场总成交额占专业市场总成交额的24.3%。除新发地批发市场是国家认定的一级农副产品批发市场外，其余均为二级农副产品批发市场。

各大批发市场大多位于高速公路附近，新发地批发市场毗邻京南的京开高速公路，水屯批发市场和回龙观批发市场位于京西北方向的八达岭高速公路旁。从南北分布来看，北京市农产品批发市场呈现“南部密集，北部分散”的分布状态。根据各大批发市场的交易量统计，东北部地区的批发市场交易量占九大市场总交易量的1/4，且位于北部的昌平区两大批发市场的规模较小，其中回龙观批发市场已于2015年年底腾退完毕。

根据表1-3所示的农产品批发市场交易规模比较可得出，北京市现有的农产品批发市场中，交易规模最大的是京西南位置，由北京市新发地、锦绣大地、岳各庄以及农产品中央批发市场等组成的农批聚集区，其次是以大洋路和八里桥批发市场为核心的京东农批聚集区，还有以水屯、回龙观批发市场构成的京北农批聚集区。

表 1－3　　北京市各大农产品批发市场的交易规模

批发市场	面积（亩[①]）	地理位置	固定摊位（个）	年交易量（万吨）	辐射范围
新发地	1620	南四环（丰台区）	5558	1510	承担北京 80% 以上的农产品供给
岳各庄	78	西南三环（丰台区）	2000	120	京西南地区
锦绣大地	500	西四环（海淀区）	1500	140	京西地区重要的农副产品集散地
大洋路	489	东四环（朝阳区）	1800	225	主要辐射 CBD 和使馆区
八里桥	600	东六环（通州区）	2800	145	北京通州、朝阳、顺义、怀柔，河北三河、大厂等地区
水屯	600	北六环外（昌平区）	3000	400	京北地区重要的农副产品集散地
回龙观	1100	北五环外（昌平区）	8000	182.5	北京、河北、天津、内蒙古、山西及东北三省
顺义石门	750	东北六环（顺义区）	2000	178	产品交易辐射全国 20 多个省、自治区、直辖市的 200 多个县和地区
农产品中央批发市场	137	西南四环（丰台区）	1339	105	特菜及食用菌供应三北（东北、华北、西北），部分出口日本、东南亚地区

注：回龙观市场已于 2015 年年底腾退完毕。

① 1 亩约等于 666.666667 平方米。

在北京市的东南五环与六环之间，北京鲜活农产品流通中心作为市重点工程落户朝阳区黑庄户乡，其位置紧临京哈、京津、京沪高速等外埠农产品进京主要通道。该流通中心定位为北京市的农产品“交易展销中心、信息服务中心、应急储备中心、理货配送中心”。

对于北京市本地生产的农产品，除少量通过观光采摘等方式（如小汤山天安农业）直接卖给消费者外，其余部分都经由其他流通渠道快速进入消费市场①。虽然目前小规模的农产品批发主体与现有的农产品生产、流通大致是相适应的，但从提高流通效率的角度来说，现有的农产品流通主体有待从规模、管理等方面逐步提升。具体而言，其流通现状如图 1－1 所示。

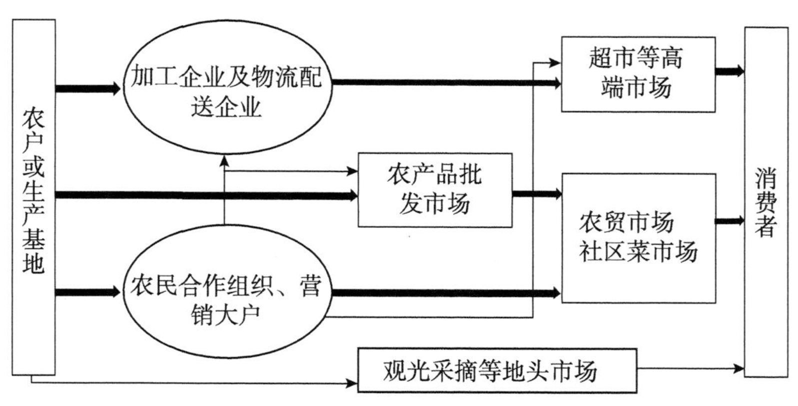

图 1－1 北京市本地生产的农产品流通现状

1.3 小结

从总体上来看，在北京农产品生产方面主要面临由于特殊的地理

① 李秀明. 北京市生鲜农产品流通模式研究［D］. 北京：北京物资学院，2011.

位置而导致的生产方式的散、小，单一农户在市场上毫无话语权，农产品质量无法彻底保证，农产品物流环节增多、成本增大，以及果蔬农产品品种不断增多，现有农户竞争力下降等问题；在北京农产品流通方面主要面临北京作为大型消费城市，对外来农产品高度依赖的问题。

2 基于成本比较的农产品价格影响因素研究——以“茄子”流通为例

北京作为大型的农产品消费城市，其自身的地理位置和资源条件决定了本地农产品供给率低、对外来农产品依存程度高的问题。据相关资料显示，北京市有高达 83% 的蔬菜是从山东、河北、河南等地运进来的，其中从山东运来的蔬菜所占比例最大。山东寿光因其先天的地理条件、环境优势，加上政府的扶持，使得蔬菜大棚产业成长迅速、收益颇丰，已经成为北京市主要的蔬菜供应地之一。本章在实地调研的基础上，完成了茄子从种植者到最终消费者的全程访查，旨在梳理出在现有的流通模式下，各个环节的成本构成和利益分配，从而得出现有流通模式的不足，为全产业链重产品型农产品流通组织模式创新研究的开展做铺垫。

2.1 生产方式对农产品价格影响研究

蔬菜从种植者到北京市的最终消费者要经过多个中间环节，为了方便对整个链条上的各个环节进行成本探讨，我们从种植开始调研，即从山东寿光的地头农户到北京市最终消费者的流通全程进行调研，通过成本比较，挖掘出农产品价格与生产、流通、物流各环节之间深层次的关系，找到促使农产品最终价格高的根源。

山东寿光由于特殊的地理位置、资源条件以及国家相关政策的扶持，蔬菜大棚产业发展迅猛，种植规模较大，以茄子、黄瓜、番茄等为主，本章以茄子为例。在大面积种植茄子时，需要租用土地，购买种子，雇用工人进行耕种、施肥、喷洒除草剂等，直到收获。然后，茄子便作为一种商品正式出现于市场上。

茄子从田地里收获开始，由种植规模相对来说比较小的散户，将茄子送到种植大户手里，然后由种植大户联系当地称为“代理商”的收购人。代理商负责租用货车进行运输，而茄子种植者则根据代理商要求将茄子进行大小分类，雇用工人将其装袋，等待代理商上门收取。代理商在收到茄子后将其送到山东寿光农产品物流园，然后继续到其他地方去收购，一般会收取1%的代理费。

山东寿光农产品物流园作为全国性的农产品集散中心，为农产品交易提供了一个广阔的平台。该物流园每天吸引近千辆车进出，农产品在这里暂存直至各地批发市场的商贩们来此进行交易。茄子等农产品被批发商购买之后，又经农贸市场和超市、学校等采购，最后到达消费者手里。为了方便直观地了解流通过程，现绘制流通过程如图2－1所示。

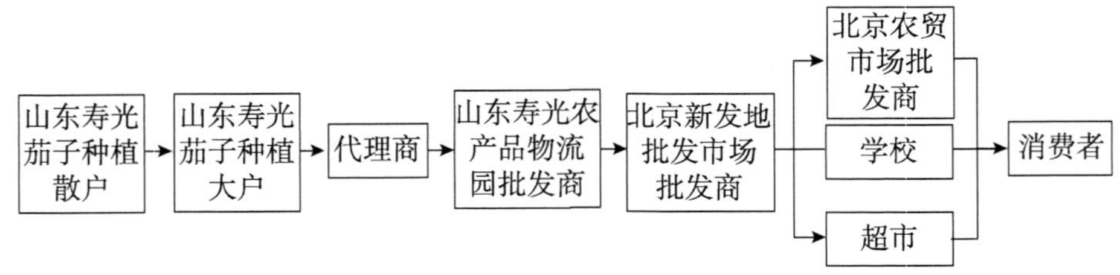

图2－1　山东寿光茄子到北京消费者的流通过程

2.2 物流及流通环节对农产品价格影响研究

2.2.1 农产品流通成本构成研究

2.2.1.1 山东寿光地头茄子种植的农户成本构成

在茄子种植过程中，租用土地成本为280元/亩。一亩地需要茄子种子200斤、化肥45斤，茄子种子为1元/斤，化肥为16元/斤，除草成本为35元/亩。平均一亩土地茄子产量为3000～3300斤（这里的茄子是指可以直接出售的，在田地里损失的忽略不计）。此外，一个人一天可以采摘茄子2亩，人工采摘成本为每天130～150元，即平均一亩人工采摘成本约为70元。茄子装袋成本3.5～4.0元/袋，装车成本1.2～1.5元/袋，一袋有100～120斤。散户将茄子交给种植大户的价格为0.60元/斤。散户成本构成如表2－1所示，种植大户成本构成如表2－2所示。

表2－1 散户成本构成

成本构成	种子	化肥	除草	总计
成本（元/斤）	0.097	0.218	0.011	0.326

表2－2 种植大户成本构成

成本构成	土地	种子	化肥	除草	人工费	总计
成本（元/斤）	0.090	0.065	0.232	0.011	0.070	0.468

下面我们假设：

土地租金280元/亩、亩产茄子3100斤、茄子种子1元/斤、种子用量200斤/亩、化肥45斤/亩且16元/斤、除草成本35元/亩、人工采摘成本70元/亩、装车费用1.35元/袋、装袋费用3.70元/袋、每袋重107斤。其每斤成本如下（结果保留小数点后三位）：

土地成本（土地租金÷茄子产量）：280÷3100≈0.090（元/斤）

种子成本（种子用量×种子单价÷茄子产量）：200×1÷3100≈0.065（元/斤）

化肥成本（化肥用量×化肥价格÷茄子产量）：45×16÷3100≈0.232（元/斤）

除草成本（除草总成本÷茄子产量）：35÷3100≈0.011（元/斤）

人工成本（亩人工成本÷茄子产量+装车装袋费÷每袋茄子斤数）：70÷3100+（1.35+3.70）÷107≈0.070（元/斤）

总计：0.090+0.065+0.232+0.011+0.070≈0.468（元/斤）

其中需要指出的是种植散户不需要装袋，采摘茄子也由自己完成，所以没有人工成本部分，人工成本部分为茄子种植大户发生。另外，散户所用来种植茄子的土地是自己的土地，并不需要租赁土地，所以不发生土地成本。

2.2.1.2 代理商成本构成

山东寿光地头到寿光农产品物流园的距离120~140千米，货车走1~2小时，25吨的货车每百千米的耗油量30升，柴油价格7.5元/升，编织袋0.55元/个，每个编织袋容量为50~60斤，代理商从种植大户地里直接收购茄子的价格为0.85元/斤。代理商将收购的茄子转销给山东寿光农产品物流园的批发商还要发生装卸搬运费用，最终折合为0.01元/斤。此外，代理商为联系方便，还有电话费成本，转换为成本0.01元/斤。代理商成本构成如表2-3所示。

表 2－3 代理商成本构成

成本构成	油费	包装费	人工装卸搬运费	沟通联系费	收购成本	总计
成本（元/斤）	0.006	0.010	0.010	0.010	0.850	0.886

下面我们假设：

路程130千米、耗油量0.3升/千米、油价7.5元/升、编织袋0.55元/个、运量25吨/车、收购价0.85元/斤。其每斤成本如下（结果保留小数点后三位）：

油费（路程×耗油量×油价÷运量）：130×0.3×7.5÷50000＝0.006（元/斤）

包装费（包装袋成本÷每袋容量）：0.55÷55＝0.010（元/斤）

人工装卸搬运费：0.010（元/斤）

沟通联系费：0.010（元/斤）

收购成本：0.850（元/斤）

总计：0.006＋0.010＋0.010＋0.010＋0.850＝0.886（元/斤）

其中需要指出的是运输距离较近，货损可忽略不计。

2.2.1.3 山东寿光物流园批发商成本构成

由于储存不当导致腐烂变软的货损再加上在装卸搬运中摩擦发生的货损大概为2%。交给物流园的服务管理费为一天交易额的3%（根据蔬菜种类、价格的不同而略有变化）。储存仓库管理成本为80元，需要雇用2个工人，工人工资4000元/月，工作内容包括装卸搬运。每天周转4000斤，每个月按照30天计算。山东寿光农产品物流园批发商从代理商那里收购的茄子的价格为1.000元/斤。山东寿光农产品物流园批发商成本构成如表2－4所示。

表 2－4　　山东寿光农产品物流园批发商成本构成

成本构成	仓储管理费	人工费	货损费	服务管理费	收购成本	总计
成本（元/斤）	0.020	0.067	0.020	0.030	1.000	1.137

下面我们假设：

货损率为 2%、工人工资 4000 元/月、工人数量 2 名、日周转量 4000 斤、收购成本 1.000 元/斤。其每斤成本如下（结果保留小数点后三位）：

仓储管理费（成本总额÷日仓储量）：80÷4000＝0.020（元/斤）

人工费（工人工资×人数÷天数÷日仓储量）：4000×2÷30÷4000≈0.067（元/斤）

货损费（货损率×收购成本）：2%×1.000＝0.020（元/斤）

缴给物流园的服务管理费：0.030（元/斤）

收购成本：1.000（元/斤）

总计：0.020＋0.067＋0.020＋0.030＋1.000＝1.137（元/斤）

2.2.1.4　北京新发地批发市场批发商成本构成

山东寿光农产品物流园到北京新发地之间的距离约为 600 千米，货车需走 9 小时，12 吨货车的百千米耗油量 25 升、每月往返 8 次。油价按 7.5 元/升计算。司机工资、过路费、养路费、车辆维修、保险、超载罚款加起来共 3400 元，且负责到地卸车。北京新发地批发市场的进场费约为 1000 元/车，最高时可达 1500 元/车，据我们实地访问各类农产品承运人后所知，多年来的行规为 0.02 元/斤。此外，北京新发地批发市场的摊位面积一般都在 20 平方米左右，摊位费用最低的一年 5 万元一个摊位，最高的一年约 30 万元，转化出的摊位费为 0.015 元/斤。由于距离较远，装车损失加上运输途中的损失率为 2%，收购成本 1.50

元/斤。北京新发地批发市场批发商成本构成如表2－5所示。

表2－5　北京新发地批发市场批发商成本构成

成本构成	人工费	油费	进场费	货损费	摊位费	收购成本	总计
成本（元/斤）	0.142	0.047	0.020	0.030	0.015	1.500	1.754

其具体成本构成计算如下（结果保留小数点后三位）。

人工费（总人工成本÷运量）：3400÷24000≈0.142（元/斤）

油费（运输路程×油耗×油价÷运量）：600×0.25×7.5÷24000≈0.047（元/斤）

进场费（调研行规数据）：0.020（元/斤）

货损费（货损率×收购成本）：2%×1.50＝0.030（元/斤）

摊位费：0.015（元/斤）

收购成本：1.500（元/斤）

总计：0.142＋0.047＋0.020＋0.030＋0.015＋1.500＝1.754（元/斤）

2.2.1.5　北京农贸市场批发商成本构成

北京农贸市场工人工资每月1800元。摊位费每天40元，但同时还销售其他蔬菜，茄子部分折合摊位费8元。在装卸搬运及销售中造成的货损率为2%，北京农贸市场茄子平时销量为550斤，周末销量为900斤。包装袋成本0.5～0.6元/斤，每袋能装50～60斤，每斤收购价格2.10元，以每斤2.50元的价格卖给消费者。北京农贸市场批发商成本构成如表2－6所示。

表2－6　北京农贸市场批发商成本构成

成本构成	人工费	摊位费	货损费	包装费	收购成本	总计
成本（元/斤）	0.092	0.012	0.042	0.010	2.100	2.256

我们假设：

日销量：（平时销量×5+周末销量×2）÷7=650（斤）

其成本构成计算如下（结果保留小数点后三位）：

人工费（日均人工成本÷日销量）：1800÷30÷650≈0.092（元/斤）

摊位费（日摊位费÷日销量）：8÷650≈0.012（元/斤）

货损费（货损率×收购成本）：2%×2.10=0.042（元/斤）

包装费（包装袋成本÷每袋容量）：0.55÷55=0.010（元/斤）

收购成本：2.100（元/斤）

总计：0.092+0.012+0.042+0.010+2.100=2.256（元/斤）

2.2.1.6 超市成本构成

北京市农贸市场批发茄子的价格为2.5元/斤，超市出售的价格为3.6元/斤。超市茄子日销量400斤。超市摊位管理费每月8000元，其中茄子销售比例约占20%，这里需要指出的是超市的摊位费中包括人工费、水电费、管理费以及店庆、节日等促销宣传活动的成本。值得一提的是，由于来超市的消费者对茄子的要求较高，一般采用逐个拣选的方式，这种拣选方式致使部分茄子质量下降，只能降价销售，折合货损率约为1%。超市成本构成如表2-7所示。

表2-7　超市成本构成

成本构成	摊位费	货损费	收购成本	总计
成本（元/斤）	0.133	0.025	2.500	2.658

我们假设：

摊位管理费8000元/月、茄子销售比例20%、茄子销量400斤/天。

其成本构成计算如下（结果保留小数点后三位）：

摊位费：（8000×20%÷30）÷400≈0.133（元/斤）

货损费（货损率×收购成本）：1%×2.500=0.025（元/斤）

收购成本：2.500（元/斤）

总计：0.133+0.025+2.500=2.658（元/斤）

2.2.1.7 农产品流通过程中的收益构成

首先我们先来讨论各个环节的收益是多少。

利润=收入-成本，则各环节利润（即为利润）如下。

山东寿光茄子种植散户：0.6-0.326=0.274（元/斤）

山东寿光茄子种植大户：0.85-0.468=0.382（元/斤）

代理商：1.0-0.886=0.114（元/斤）

山东寿光农产品物流园批发商：1.50-1.137=0.363（元/斤）

北京新发地批发市场批发商：2.10-1.754=0.346（元/斤）

北京农贸市场批发商：2.5-2.256=0.244（元/斤）

超市：3.6-2.658=0.942（元/斤）

为了更加直观地分析我们将各环节的利润绘制成如图2-2所示。

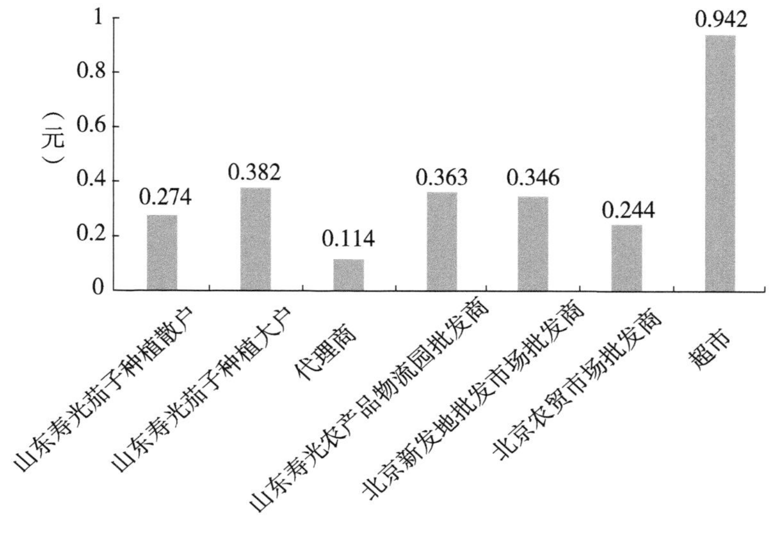

图2-2 各环节利润统计

茄子从产地山东寿光到北京消费者的流通过程中每个环节每一斤的利润由高到低排列如表2－8所示。

表2－8　各环节利润排名

利润排名	环节	利润（元/斤）
1	超市	0.942
2	山东寿光茄子种植大户	0.382
3	山东寿光农产品物流园批发商	0.363
4	北京新发地批发市场批发商	0.346
5	山东寿光茄子种植散户	0.274
6	北京农贸市场批发商	0.244
7	代理商	0.114

山东寿光茄子从田间地头到北京市最终消费者的整个过程中各环节的收益排序依次是：超市、山东寿光茄子种植大户、山东寿光农产品物流园批发商、北京新发地批发市场批发商、山东寿光茄子种植散户、北京农贸市场批发商、代理商。值得指出的是这里的获利情况是指每斤而非整体的利润。所以，产量或销量越高，利润越高。对于散户来说种植的是少量的茄子，而中间商一年要经手的茄子运量是庞大的，所以整体收益无法比较，这里只能比较每一斤茄子的利润。

2.2.2　农产品流通环节对价格影响分析

2.2.2.1　果蔬农产品价格的主要影响因素

根据上文对数据的分析和各个环节成本构成的探讨，得出影响果蔬农产品成本的因素主要有如下几个方面。

（1）山东寿光茄子种植散户：种子、化肥、除草；

（2）山东寿光茄子种植大户：土地、种子、化肥、除草、人工费；

（3）代理商：油费、包装费、人工装卸搬运费、沟通联系费；

（4）山东寿光农产品物流园批发商：仓储管理费、人工费、货损费、服务管理费；

（5）北京新发地批发市场批发商：人工费、油费、进场费、货损费、摊位费；

（6）北京农贸市场批发商：人工费、摊位费、货损费、包装费；

（7）超市：摊位费（含人工费、促销宣传活动费等）、货损费。

根据上述归纳得出影响茄子价格的因素主要有以下几种：原料（种子、化肥等）、人工成本、运输过程（油费、包装、货损）、物流园成本（进场、摊位、服务管理等）、沟通联系成本。

环节内可控成本：货损。

环节间可控成本：货损、加价、人工成本。

各环节中间加价导致茄子成本节节高升。

2.2.2.2 流通各环节成本构成分析

为了直观了解，现将农产品各环节成本因素构成绘成如图2－3至图2－9所示的饼状图。此外暂不讨论收购成本。

1. 山东寿光茄子种植散户成本构成分析

从图2－3中我们可以得知，山东寿光散户种植茄子所付出的成本主要是化肥和种子，其中化肥又占了绝大部分。

2. **山东寿光茄子种植大户成本构成分析**

从图2－4中我们可以得知，山东寿光茄子种植大户的成本也主要是化肥。化肥的成本占到了总成本的一半。另外，成本从高到低依次为土地成本、人工成本、种子成本和除草成本，且前三个成本所占的比例比较接近。

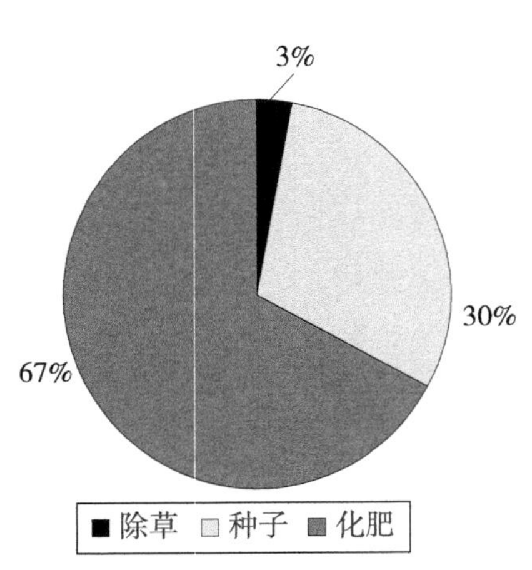

图2－3　山东寿光茄子种植散户成本构成

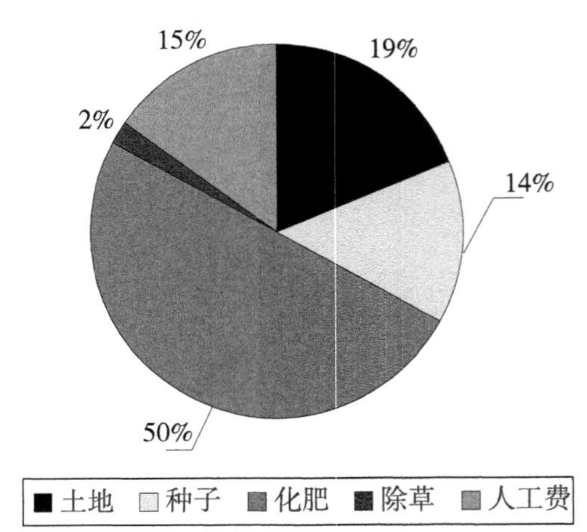

图2－4　山东寿光茄子种植大户成本构成

3. **代理商成本构成分析**

代理商的主要作用是将种植者和物流园批发商联系起来，起到桥梁和纽带作用。从图2－5可看出沟通联系费、人工装卸搬运费以及包装费所占比例一致，而由于路程近，所以运输费所占比例相对来说较小。

4. **山东寿光农产品物流园批发商成本构成分析**

由于山东寿光农产品物流园每天的农产品周转量巨大，需要大量的装卸搬运作业，且农产品的存储也需要有人看管，毫无疑问需要大量人工成本，所以人工成本占到山东寿光农产品物流园批发商成本的48.9%。其余成本构成由图2－6可知，依次为：服务管理费、仓储管理费和货损费。

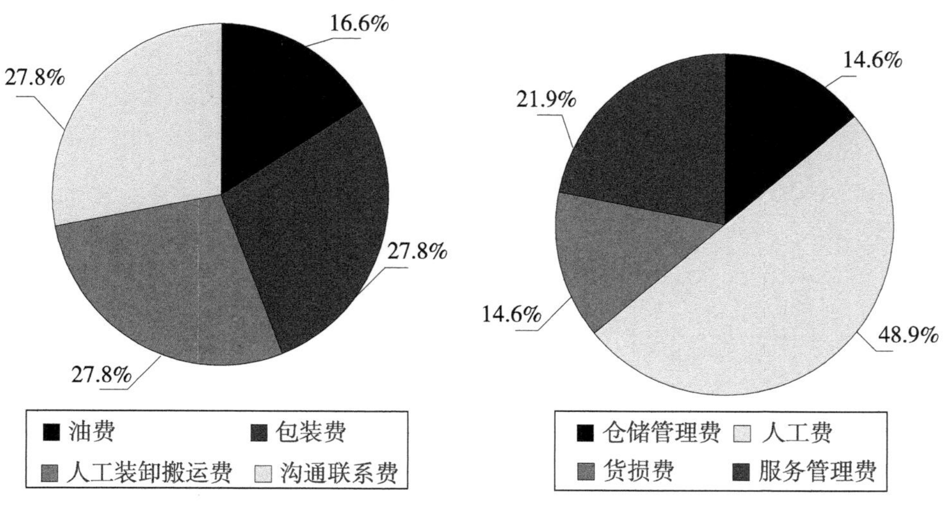

图 2-5 代理商成本构成 **图 2-6 山东寿光物流园批发商成本构成**

5. 北京新发地批发市场批发商成本构成分析

从图 2-7 中可以得知，北京新发地批发市场每天的农产品周转量巨大，需要大量的装卸搬运作业，且农产品的存储也需要有人看管，毫无疑问会产生大量的人工成本，所以人工成本占到北京新发地批发市场的一半以上。此外，由于山东寿光农产品物流园距北京新发地批发市场相对来说较远，所以运输成本和货损费也占有相当一部分比例。

6. 北京农贸市场批发商成本构成分析

由图 2-8 可以得知，人工费占该环节成本构成的 59%。此外，值得一提的是，小商贩在批发茄子与之后进行销售两环节之间发生的货损较多，这是因为在销售过程中消费者的挑拣行为以及剩下茄子的降价处理，所以货损占总成本的 27%。另外，摊位费和包装费也是北京农贸市场批发商发生的成本。

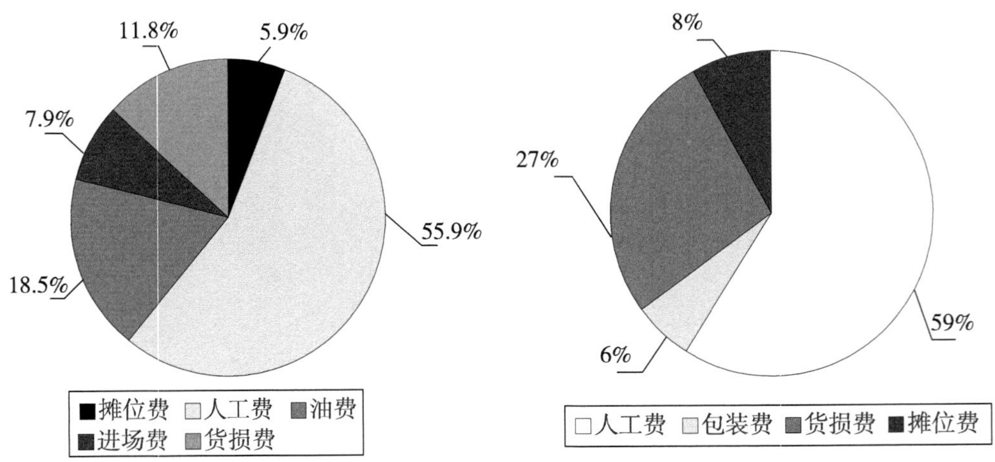

图 2-7　北京新发地批发市场批发商成本构成

图 2-8　北京农贸市场批发商成本构成

7. **超市成本构成分析**

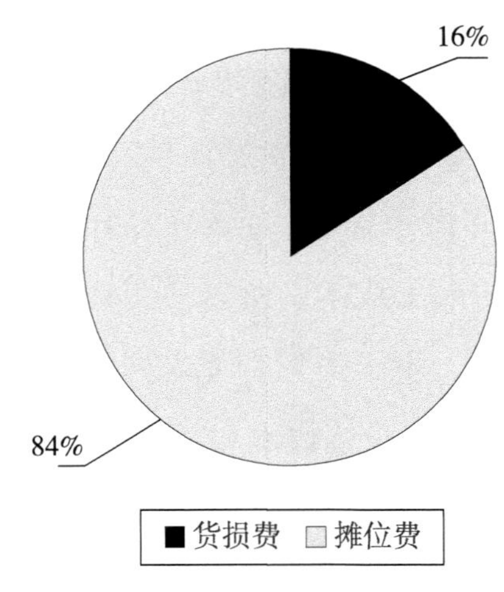

图 2-9　超市成本构成

超市不同于批发市场和农贸市场，由于“渠道为王”，超市处于优势地位。由图 2-9 可看出超市的成本构成主要是摊位费和货损费两部分，且摊位费占到了成本构成的 84%。这里需要指出的是超市的摊位费中包括人工费、水电费、管理费以及店庆、节日等促销宣传活动等成本。

2.2.3 农产品物流对价格影响分析

2.2.3.1 各环节成本比较

从以上数据我们可以看出在茄子流通过程中对其价格造成影响的各种因素。我们对各个环节中发生的成本进行分析，比较各个环节成本（不包括收购成本，由于收购成本涉及上一环节，无法看出其单独关系）的大小，如图2－10所示。

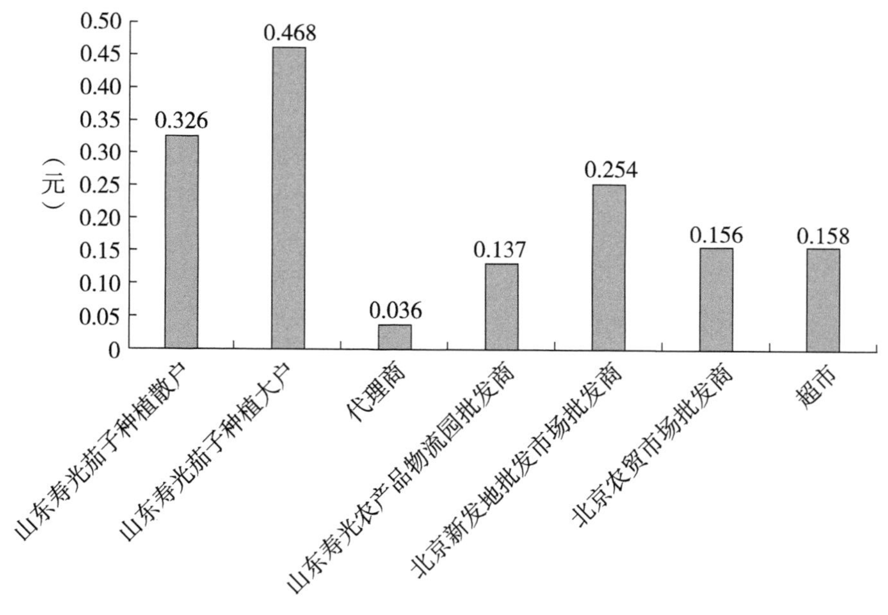

图2－10 各个环节成本统计

从图2－10中可以看出，各个环节成本从高到低依次为：山东寿光茄子种植大户、山东寿光茄子种植散户、北京新发地批发市场批发商、超市、北京农贸市场批发商、山东寿光农产品物流园批发商、代理商。

2.2.3.2 影响茄子价格的主要环节

从以上分析和图表中不难看出，茄子在流通过程中每经过一个环节，中间商就会加价一次。具体如下。

山东寿光茄子种植大户：0.85 - 0.6 = 0.25（元）

代理商：1.0 - 0.85 = 0.15（元）

山东寿光农产品物流园批发商：1.5 - 1.0 = 0.5（元）

北京新发地批发市场批发商：2.1 - 1.5 = 0.6（元）

北京农贸市场批发商：2.5 - 2.1 = 0.4（元）

超市：3.6 - 2.5 = 1.1（元）

各个环节加价情况如图 2 - 11 所示。

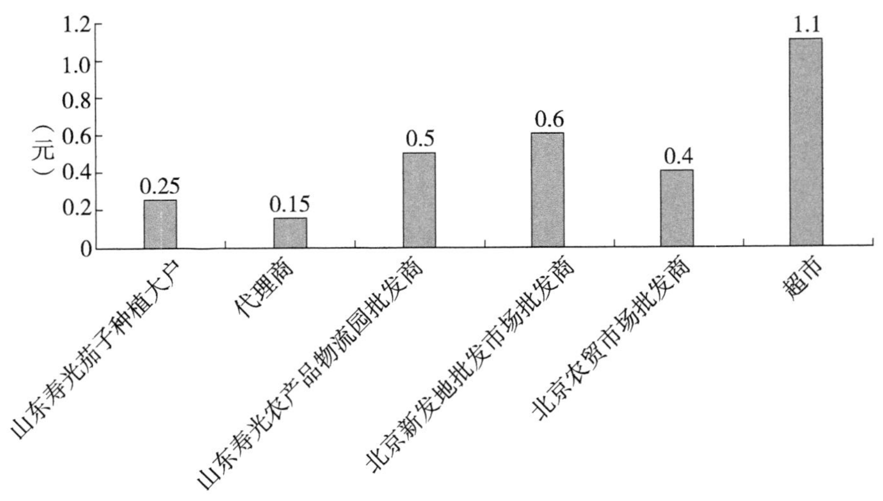

图 2 - 11 各个环节加价情况

由图 2 - 11 可以看出，在茄子流通的整个过程中超市是加价最多的一环，其次是北京新发地批发市场及山东寿光农产品物流园批发商。也就是说在茄子流通过程中，在这些中间环节中，超市对茄子价格影响最大。

2.2.3.3 成本及利润所占比例

对各个中间环节流通主体成本以及利润进行了比例关系运算，得到表2－9。

表2－9　　各个中间环节流通主体成本与利润的比例关系

环节	成本（元）	利润（元）	环节加价（元）	成本占加价的比例（%）	利润占加价的比例（%）
山东寿光茄子种植散户	0.326	0.274	0.600	54.33	45.67
山东寿光茄子种植大户	0.468	0.382	0.850	55.06	44.94
代理商	0.036	0.114	0.150	24.00	76.00
山东寿光农产品物流园批发商	0.137	0.363	0.500	27.40	72.60
北京新发地批发市场批发商	0.254	0.346	0.600	42.33	57.67
北京农贸市场批发商	0.156	0.244	0.400	39.00	61.00
超市	0.158	0.942	1.100	14.36	85.64

注：表中山东寿光茄子种植散户和种植大户的环节加价均指的是自己种植的茄子销售价格，山东寿光茄子种植大户的成本、利润和环节加价均指自产茄子，收购散户的茄子数量相对较少，不进行讨论。

由表2－9可看出，山东寿光茄子种植散户和山东寿光茄子种植大户利润占加价的比例低于成本占加价的比例，而其他中间商利润占加价的比例要高于成本占加价的比例。由此可以看出超市利润占加价的比例最高，其次是代理商。山东寿光茄子种植大户利润占加价的比例最低，即同等成本下超市是最赚钱的。而其他中间商的回报率也高于山东寿光茄子种植大户和山东寿光茄子种植散户。总成本与价格走向如图2－12所示。

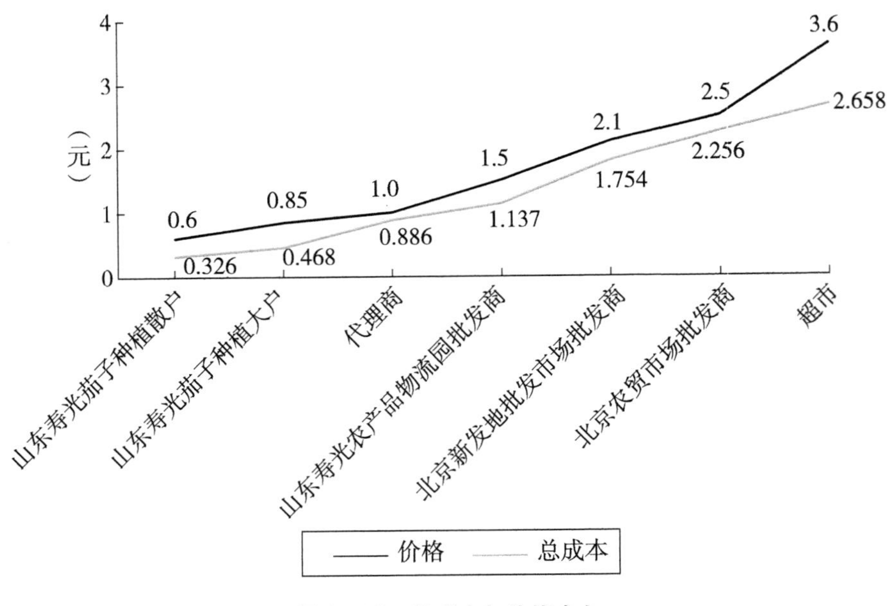

图 2－12　总成本与价格走向

图 2－12 中可以看到由山东寿光茄子种植散户到超市这一过程中的价格变化。价格与总成本两条线之间的距离即为各环节所获得的利润。

2.3　小结

本章着重探讨茄子从种植到销售的整个流通过程中，各个环节流通主体的成本构成以及利润分配。通过对茄子流通链条进行梳理，结合数据分析，找出我国现行的流通模式存在的弊端。

3 不同生产方式对农产品流通和物流的影响

农产品生产是整个农产品供应链的前端，也是整个农产品供应链中十分重要的环节。不同农产品的生产方式，会导致不同农产品流通方式的出现，对整个农产品供应链的运作效率有着十分显著的影响。本章将通过梳理国内、国外的农产品生产模式，发现其中存在的差异性，并通过对比分析差异性找出不同农产品生产模式对农产品流通及物流造成的影响，提出相应的农产品生产模式发展建议。

3.1 国内农产品生产方式现状

3.1.1 国内农产品主要生产模式现状

3.1.1.1 以家庭为单位的个体散户生产

我国农业产品生产存在人多、地少、产量过低等问题，因此我国20世纪80年代初推行了“家庭联产承包责任制”，具体做法为“包产到户，分田到户”。这种农产品生产方式在当时取得了农产品生产效率上的提升，但是这种农产品生产模式也使得我国形成了农产品生产主体分散、小规模经营的特征。这种生产模式很难采用先进的生产经营理念和技术对生产前端进行规范化、标准化的管理[①]。

个体散户的农产品生产方式形成了多环节、多层级的农产品流通模式。个体散户通过各级批发市场层层转手将农产品进行销售，使得农产品供应链过长，增加了农产品在转运过程中出现质量安全问题的风险性，无法保证农产品的质量。这种生产模式，导致农产品生产无法形成规模化，生产成本过高，其影响直接反映在农产品价格过高。因此，个体散户的农产品生产方式阻碍了我国目前的农产品生产和流通的发展，与市场需求和发展规律产生冲突。

3.1.1.2 以农民专业生产合作社为单位的集中生产

我国现阶段主要存在的农产品生产模式为“农民专业生产合作社”模式。该“模式”是在“家庭联产承包责任制”基础上形成的新的农产品生产模式。在《中华人民共和国农民专业合作社法》中对农民专业合作社进行了解释，包含两个方面的主要内容：其一，从概念上规定了合作社的定义，即“农民专业合作社是在农村家庭承包经营基础上，同类农产品的生产经营者或者同类农业生产经营服务的提供者、利用者，自愿联合、民主管理的互助性经济组织”；其二，从服务对象上规定了合作社的定义，即“农民专业合作社以其成员为主要服务对象，提供农业生产资料的购买，农产品的销售、加工、运输、贮藏以及与农业生产经营有关的技术、信息等服务”。因此，从定义和解释中我们可以得出，农民专业生产合作社是一种生产服务集成化的新型农产品经济组织。

---

① 黄修莉，徐菱．我国农产品生产模式的发展研究［J］．江苏农业科学，2012，40（9）：419－421.

“农民专业生产合作社”是国家目前推荐和倡导的农产品生产方式，在我国2012年新修订的《中华人民共和国农业法》第十一条、第十三条中明确提出了大力发展农民专业生产合作社的农业生产模式的改变；在2014年中央一号文件中，指明了鼓励发展专业合作、股份合作等多种形式的农民合作社。推进财政支持农民合作社创新试点，引导发展农民专业合作社联合社。鼓励发展混合所有制农业产业化龙头企业，推动集群发展，密切与农户、农民合作社的利益联结关系；2016年的中央一号文件中9次提及合作社，对农民专业合作社作为新型农业经营主体的地位、发展休闲旅游业合作社、建设合作社示范社、合作社融资等方面进行了全面的阐述，其中指出：“鼓励发展股份合作，引导农户自愿以土地经营权等入股龙头企业和农民合作社，采取‘保底收益+按股分红’等方式，让农户分享加工销售环节收益，建立健全风险防范机制。加强农民合作社示范社建设，支持合作社发展农产品加工流通和直供直销。”① 从上述政策中可以看出，国家大力推进建设农民生产合作社，促进农产品生产集成化、规模化、市场化、经济化、社会化，从个体散户生产模式向集成规模生产模式进行转变②。

实现农民专业生产合作社的关键在于“土地流转政策”的推进，该政策是指具有土地承包经营权的农户将土地经营权（使用权）转让给其他农户或经济组织，应用较多的模式是出租和入股，土地流转能够解决我国土地分散的问题。在2014年出台的《关于引导农村土地经营权有序流转发展农业适度规模经营的意见》中明确指出，土地

① 杨丹丹．农民专业合作社在农产品流通体系中的参与及作用——以江西省农民专业合作社为例［J］．山西农业科学，2016，44（11）：1729－1732.

② 王爱芝．国外农业合作社的发展趋势及对我国的启示［J］．开发研究，2010（1）：96－101.

流转是发展现代农业的必由之路，有利于优化土地资源配置和提高劳动生产率，有利于保障粮食安全和主要农产品供给，有利于促进农业技术推广应用和农业增效、农民增收。因此，合理、科学的土地流转政策会促进农业的规模性生产，形成科学的农业生产模式和流通模式。

3.1.1.3 以家庭农场、专业大户为发展趋势的规模化生产

随着农产品市场需求的不断变化以及农业种植技术的不断发展，我国近些年对农产品生产模式进一步提出了发展方向和思路。在国办发〔2015〕59号文件中提到，创新农业经营方式，延伸农业产业链，培育壮大新型农业经营主体：家庭农场、专业大户等规模经营农户。同年，中共中央办公厅、国务院办公厅印发的《深化农村改革综合性实施方案》中首次提出构建新型农业经营体系，提出重点发展以家庭成员为主要劳动力、以农业为主要收入来源、从事专业化集约化农业生产的规模适度的农户家庭农场，使之成为发展现代农业的有生力量。

在2016年《中共中央国务院关于落实发展新理念加快农业现代化实现全面小康目标的若干意见》中也明确指出，坚持以农户家庭经营为基础，支持新型农业经营主体和新型农业服务主体成为建设现代农业的骨干力量。积极培育家庭农场、专业大户、农民合作社、农业产业化龙头企业等新型农业经营主体。在2017年中央一号文件中，再次强调了完善家庭农场认证办法，扶持规模适度的家庭农场。同年，农业农村部办公厅印发的《2017年农村经营管理工作要点》中，将引导家庭农场规范发展作为工作重点，完善家庭农场认定标准和管理办法，建立健全全国家庭农场动态名录和信息数据库，加大家庭农场扶持力

度。强化家庭农场发展专项扶持措施，扶持规模适度的农户、家庭农场稳定流转土地、整合土地资源、改善基础设施、提高经营能力。通过国家关于农产品生产模式发展的推进、指导性政策，可以看出家庭式农场与专业大户型农产品生产模式将成为我国未来农产品生产模式发展的新方向[①]。

家庭农场是以单个农户为基本组织经营单位，以土地适度规模化为经营基础，集企业化和农业化经营为一体的新型农业经营形式[②]。与传统的家庭小农生产方式不同，现代家庭农场是集企业化、集约化和商品化于一体的社会化生产。因此，家庭农场模式的实质是具有一定规模化、社会化的家庭经营模式[③]。我国家庭农场仍然以小规模经营为主，其中一半以上农场面积均在3.3公顷[④]以下，大于66.7公顷以及33.3~66.7公顷的家庭农场仅占1.9%和1.8%，6.7~33.3公顷与3.3~6.7公顷的家庭农场所占比例相当，分别为19.5%和21.6%[⑤]。因此可以看出，我国具有发展家庭式农场的巨大潜力和空间。家庭式农场的构建可以改善目前个体散、小的农产品生产模式，在保持生产力为家庭主要成员的前提下，形成规模化的农产品生产，能够更好地完成土地流转，并与当地的自然资源、经济条件相适应，更好地发挥出家庭农场以家庭为单位生产的优势，这也是我国今后农产品生产模式发展的主要方向。

---

① 杜志雄，肖卫东. 家庭农场发展的实际状态与政策支持：观照国际经验［J］. 改革，2014（6）：39-51.

② 许经勇. 建构现代化新型农业经营体系［J］. 学习论坛，2016，32（1）：29-32.

③ 王继冬. 中国式家庭农场规模效益分类研究［J］. 中国农业资源与区划，2016，37（6）：154-157.

④ 1公顷等于10000平方米。

⑤ 王继冬. 中国式家庭农场规模效益分类研究［J］. 中国农业资源与区划，2016，37（6）：154-157.

3.1.2 国内农产品生产方式现代化程度现状

3.1.2.1 农业生产机械化发展程度

随着农业种植技术不断提升，机械化、现代化种植成为农产品生产发展的必经之路。良好的农业生产机械化程度会为生产模式的变革奠定技术基础，为规模化生产提供技术保障。我国的农业机械化发展程度在不断前进，通过国家统计局2015年数据显示，我国农业机械总动力达到了111868.36万千瓦，并从2011年到2015年逐年上涨，如图3－1所示。

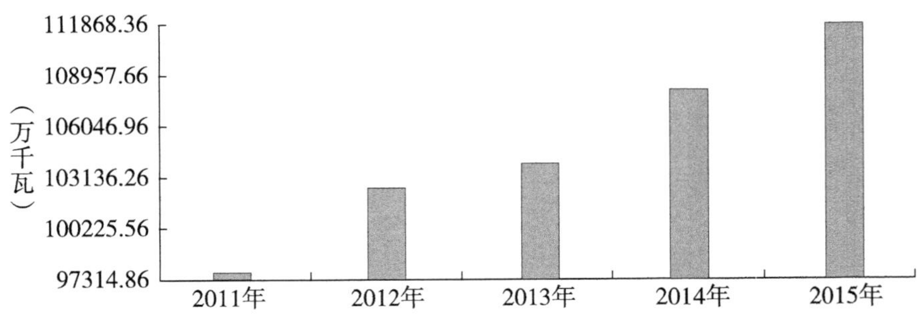

图3－1 农业机械总动力数量逐年增长

除此之外，2015年我国农用大、中型拖拉机数量也达到了6亿多台，并且从2011年到2015年数量逐年大幅度上涨，如图3－2所示。

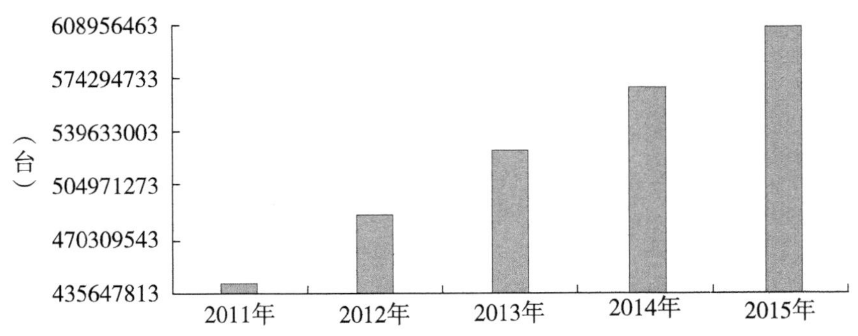

图3－2 农用大、中型拖拉机数量逐年增长

但是小型拖拉机数量正逐年下降，由大、中型拖拉机数量上涨和小型拖拉机数量下降可以得出我国目前的农产品生产正趋向于规模化、集成化的生产模式，减少了对小批量、分散化的农产品生产模式的应用，如图3－3所示。

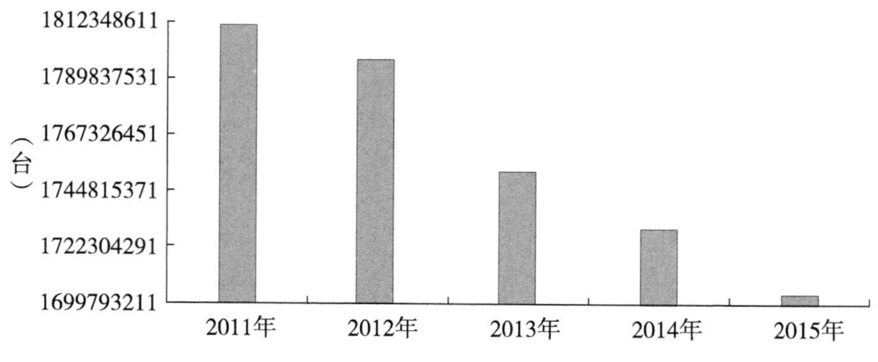

图3－3　小型拖拉机数量逐年减少

农业生产中除了对拖拉机的使用之外，在农作物收割方面对收割机的使用也是农产品机械化程度体现的重要指标。据国家统计局数据显示，2011—2014年联合收割机的数量逐年大幅度上涨，截至2014年已达到1.5亿台，如图3－4所示。联合收割机的广泛使用提升了农业生产的效率，提升了机械化程度，带动了农产品产量的增加。

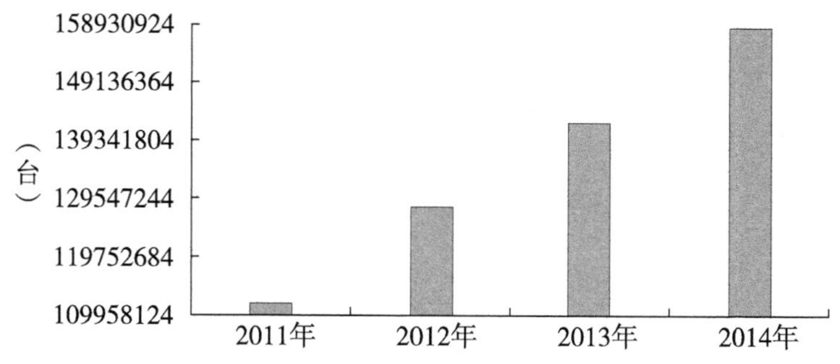

图3－4　联合收割机数量逐年增长

通过上述数据分析，我国农产品生产机械化程度有了显著的提升，减少了人工作业，提升了农产品种植的效率，保证了市场的需求，带来了农产品生产的经济化优势。

3.1.2.2 农业生产技术现代化发展程度

农业生产技术现代化是指利用化学、生物等技术手段，改善与增加农作物品种，提高单产水平。我国目前在农产品领域所采取的主要生物手段包括基因工程、遗传工程、细胞工程、酶工程、蛋白质工程等。这些手段有效地减少了农产品在生产过程中出现病变、低产、虫害等现象，实现了农产品的高产并达到了农产品的质量标准①。

但是我国目前所采用的农产品生产生物技术也存在很多问题，其一，研究与生产严重脱节，懂科学技术的科研人员对生产应用的了解过少，相反懂得生产的技术人员又对科学技术领域知之甚少，因此导致生物技术手段在农业生产中的研究脱离实际，许多科研成果无法应用到实际生产过程中②。同时，在科研过程中缺乏创新能力，仅仅做到了复制研究成果，与发达国家的生物科研相差甚远。其二，相关法律法规方面还不是十分完善，与美国、日本相比缺少对应的法律法规。美国、日本等发达国家为了促进其生物技术的发展制定了完善的法律，日本制定了《促进基础技术开发税制》等政策法规，德国制定并修正了《基因技术法》，美国目前的《合作研究法》《扩散法》《知识产权法》都全方位地对生物技术的发展提供了促进和保护作用，这是我国

---

① 郑爱珍．现代生物技术在农业生产中的应用及前景［J］．安徽农业科学，2005，33（7）：1258－1260.

② 陈道雷．我国生物技术在农业生产中的应用及存在的问题研究［D］．重庆：西南大学，2013.

目前所欠缺的。

农产品的化学技术手段在我国被广泛应用，包括化学肥料、农作物保护、植物激素等，其中化学肥料是在生产过程中最广泛采用的，利用化学肥料可以增加土壤中氮元素的增加，从而有效地提升农作物产量。除了固态的长效化肥之外，现在还采用利于作物吸收的液态化肥。农产品在种植过程中，除了要提升产量之外，还有一个关键点在于控制农作物的病虫害，因此通过化学试剂合成的药物对农作物起到一定的保护作用，我国正大力发展具有高效低毒性有机磷和氨基甲酸酯类农药。其中，低毒有机磷农药品种最多、发展最快。这类农药在植物、动物及土壤中迅速分解成无毒物质，不会累积于生物体内、造成伤害。因此，近十年来我国大力发展有机杀菌剂新品种，已部分取代铜、汞制剂。同时，人们仿照天然昆虫保幼激素，人工合成了上千种类似昆虫保幼激素的类似物，该激素可用来扰乱昆虫的正常发育，使它们不能正常蜕皮而死亡，阻碍虫卵发育，促使幼虫提前蜕皮而死亡。

但是在农产品生产过程中采用化学试剂也有一定的风险和代价，目前我国农产品种植过程还存在使用剧毒农药、高浓度化肥的情况。这些化学农药和化肥的过量使用对土壤环境造成了不可逆转的伤害，对食用该农产品的百姓而言造成了潜在的身体损伤。因此，需要相关管理机构对农产品相关化学试剂的使用进行严格把控，尽可能地减少有毒有害化学试剂的使用。

3.1.2.3　农业生产管理现代化发展程度

农产品生产管理现代化是指把在工业生产中先发展而后成熟的管理办法、经验引入农业，形成生产、加工、销售一体化，实现产业化经营。在工业生产中需要对人、物料、设备、信息进行有效的组合与配置，形成工业生产的标准化流程，并实现工业生产中的产量增加、成本降低的目的。而农产品生产管理现代化采用工业生产的经验，则将目标定位于满足农产品市场需求、提高农产品附加值、降低农产品生产成本、减少资源浪费，要实现以上生产目标就要制定农产品生产标准。通过组织标准化、物料标准化、作业标准化、管理标准化四项标准，实现农产品生产标准化流程。

我国目前缺少对农产品生产流程标准的制定，部分已有标准中存在问题，不能很好地对农产品生产进行规范化指导[①]，导致农产品生产质量参差不齐、管理无序混乱，因此需要对相应的流程标准展开研究，各个地方应制定符合本地特色的农产品生产流程标准，从实际出发规范农产品生产流程。除此之外，后端的运输、销售等流通过程，也需要进行流程标准研究，实现农产品全产业链的标准化运作，实现现代化农产品生产管理[②]。

3.2 国外农产品生产方式现状

3.2.1 国外农产品生产模式现状

3.2.1.1 美国以家庭式农场为主体的生产模式

美国地广人稀、劳动力成本过高，因此主要以家庭式农场为主的

① 李国锋，张振华，邹轶．农业生产标准化存在的问题及对策建议［J］．江苏农业科学，2016，44（2）：468－470.

② 张书．农业生产服务标准体系研究［J］．中国质量与标准导报，2016（3）：45－47.

生产模式来发展农业生产。美国的农场制度自建立之初就是朝着有利于家庭农场方向发展的，自时任国务卿杰弗逊建立家庭农场制度的提议获得国会通过后，1820 年颁布的《农业经济制度》确立了将公有土地以低价出售给农户建立家庭农场的政策；1862 年颁布的《宅地法》更是规定所有在公有土地上耕作 5 年以上，年满 21 岁的个人或者家庭可免费获赠 160 英亩①的土地。这种将公有土地赠给真正需要土地的人的制度，为家庭农场制度成为美国主要农业经济组织及经营制度奠定了基础②。据 2010 年的数据统计，美国 220 万个农场之中，家庭农场所占比例高达 86%，是美国主要存在的农产品生产模式。

目前，美国的家庭农场呈现出总体数量下降，单个规模呈不断扩大的趋势。据美国农业部经济研究所的数据显示，数量自 1935 年达到 681.4 万个后逐年减少，到 2010 年仅有 190 万个；2010 年的农场平均面积为 169.15 公顷，而 1935 年只有 62.7 公顷③。这种变化的产生能够更好地达到规模化生产的要求，更好地发挥出农业机械化种植的优势。

美国的家庭式农场主要有三种组织形式：个人独资企业、合伙企业、公司。1982—2007 年，始终以个人独资企业为主，自 1987 年以来一直占 86.5% 左右；合伙企业与公司的组织形式呈此消彼长之势，1982 年合伙企业占 10%、公司占 2.3%，但 2007 年合伙企业占 7.9%、公司则占 3.9%④。美国的家庭式农场为美国的农业生产种植以及流通加工，带来了巨大经济利益，实现了农产品生产的高效率、低成本。这种模式促进了农产品生产技术的发展，实现了农产品专业化生产与

① 1 英亩等于 6.070 亩。

② 梁涛．美国家庭农场发展现状及启示［J］．农村金融研究，2013（12）：10－15.

③ 马雯秋．美国发展家庭农场的经验及对我国的启示［J］．农业与技术，2013（7）：203－205.

④ O'DONOGHUE E J. Changing organization of U. S. farming［J］. AGRIS，2012.

多元化经营的模式。

3.2.1.2 日本以农协组织为主体的生产模式

日本农协组织起源于第二次世界大战后农地改革所导致的农业生产主体中大量“自耕农”的出现①。农地改革作为战后农村民主化的成果具有重大历史意义，但同时也产生了如何保护“零碎化”经营的农业生产者利益的问题。在此背景下大量小规模农户以“协同组合”的形式成立了农协组织。

日本农协组织与欧美国家的自主性合作组织不同，其带有鲜明的政治性，具有“综合主义”“属地主义”“网罗主义”和“行政依存”四大特点②。综合主义所强调的不仅是农业生产，而且是对与其相关的流通、金融、加工、经济等多方面因素进行全方位的考虑，与欧洲所倡导的专业化生产相悖；属地主义所强调的是本地农民只能加入本地的农协组织；除此之外，不区分以农业收入为主的农户和非农业收入为主的农户，所有类别农户都需要加入农协组织，即网罗主义；同时，农协组织成为各项农业政策的实际实施主体，政府通过全国各地、各层次的农协组织迅速控制了日本几乎所有的农村地区和农民的农业经济活动，并确保了农业政策的有效实施，即行政依存。

目前，日本农协组织主要有两种：一是综合农协组织，是指包含了信用、保险、生产资料购买、产品销售等业务的农协；二是专门农协组织，是指限定于畜牧、果树、蔬菜等某种特定种类，只进行农业

① 张建．日本农业结构改革中的农协问题分析［J］．华东师范大学学报（哲学社会科学版），2015，47（2）：83－91．

② 同上。

生产经营指导、共同购买生产资料和销售产品的农协组织[①]。现在全日本共有 738 个综合农协组织，9834031 户成员；专门农协组织共计 1915 个，其成员数达 186476 户。农协组织负责指导农民进行农业生产，以代替农民共同购入农业生产的必需资料和共同销售农产品为基本经济事业展开活动。

日本农协组织指导农户制订长期经营计划，组织农户开展技术交流，以保证和提高农产品的产量和质量，并帮助农户解决生产资金问题；能够掌握地方农业资源的利用情况，发挥资源优势；可以根据市场需求和天气变化进行生产和收获调整，从而实现有目的地计划生产，避免生产的盲目性，提高农产品的市场竞争力，保护农户的经济利益，同时也使农产品供求关系处于相对稳定的状态，避免农产品价格的剧烈涨跌，有利于农产品市场的稳定；农协组织还可根据农户的需要，集中采购农用生产资料和日常生活用品，集中采购的方式减少了生产资料和生活资料流通中批发和零售的环节，降低了农民的生产和生活成本，保证了农业再生产的稳定。农协组织还有一项十分重要的日常工作就是集中销售农产品，这是农户获得生产收益的关键环节，日本农协组织一般均建有农产品选果场，负责将农户运来的农产品进行挑选、包装、冷藏，然后再输送到市场。此外，农协组织还参与组织物流、商流、信息流及货款结算，推动日本农产品流通体系的高效运转。

3.2.1.3 荷兰以农业合作社为主体的生产模式

欧洲以荷兰为代表的国家和地区采取农业合作社的模式。目前，

① 杨媚，刘小玲，前澤重礼．日本农产品流通体系中农协与批发市场的关系研究［J］．南方农业学报，2014，45（5）：891－897.

荷兰主要有服务、加工、供应、信用、销售五大门类的合作社，根据具体经营对象的不同，可进一步细分为供应、乳业、养牛、养猪、糖业、马铃薯、蔬菜、花卉等不同的专业合作社。截至2014年年底，荷兰共有5000多家各种类型的合作社，其中大多数是在过去十年间涌现的。荷兰农业合作社对GDP（国内生产总值）的贡献高达18%。荷兰农业合作社帮助社员减少并消除市场风险，提高农产品种植规模效益，同时专业的农业合作社形成了专业的产业经营化生产链，能够形成品牌效应①。

在农产品流通方面，荷兰不同于美国、日本等国家通过超市和批发市场进行农产品的流通，而更多的是依靠拍卖市场。拍卖市场是荷兰一种重要的合作经济产物，促进了农业的专业化分工，有利于提高劳动生产率。荷兰的蔬菜、花卉栽培大部分在温室里进行，农户采用集约化的方式致力于生产某一两种产品，努力提高产品的质量和数量，因而无暇顾及产品销售②。为了解决因分工所形成的分散经营与社会化流通的矛盾，农户通过合作方式建立起自己的拍卖市场，委托拍卖市场销售各家各户的产品，这种方式不仅消除了生产者的后顾之忧，而且进一步促进了专业化的分工与协作。除此之外，拍卖市场提供了供需双方直接见面的场所，有利于实现公平交易，保护农户利益。拍卖市场所体现的基本原则是价格公开、自由竞争、条件平等、由买者进行投标。通过拍卖，产品往往能形成一个比较合理的价格，既可以减少中间商的盘剥，又可以形成比较准确的价格信号，调节市场供求。拍卖市场的形成成为具有荷兰特色的农产品流通方式，促进了荷兰农产品的发展。

---

① 袁国华，刘楠．荷兰农业合作社的发展经验和启示［J］．今日海南，2016（11）：45－47.

② 潘治，洪天牧．荷兰农业合作：小国土 大农业［J］．农村·农业·农民，2013（5）：51－52.

3.2.2 国外农产品生产方式现代化程度现状

3.2.2.1 发达的农产品生产机械化

欧美等发达国家和地区，大多数采用大规模、集成化的农产品生产方式，因此为了提升我国农产品生产数量、保证农产品生产质量，我们对国外生产工具进行了深入研究与开发。

据数据统计，2008 年美国每千名农业劳动力拥有的拖拉机数量是我国的 476 倍①，实现了农产品生产全机械化操作。澳大利亚也是世界上重要的农产品出口国，其人少地多、农牧业发达。澳大利亚的主要农作物水稻、小麦、燕麦、大麦、牧草等，早在 1970 年前后就实现了生产机械化。澳大利亚的甘蔗机械化程度超过 90%，其甘蔗生产的各个环节都使用机械作业，每个农业劳动力年均生产甘蔗 4000 吨，植物保护采用飞机喷施农药，灌溉则使用大型喷灌机。荷兰的农产品生产也采用了全程机械化的操作模式，从普通的粮食作物到畜牧养殖，都利用机械辅助生产。

3.2.2.2 全面的农产品生产技术

欧美等发达国家和地区实现了以化肥和农药的广泛应用为特征的农业化学化。第二次世界大战以后，20 世纪 50 年代至 80 年代美国化肥消耗量直线上升；80 年代以后，由于在较高的化肥投入水平上单位投入报酬递减和生产化肥品种的有效成分不断提高，化肥使用量呈减少趋势。同时，发达国家对于生物技术在农产品生产过程中的应用已

① 马雯秋. 美国发展家庭农场的经验及对我国的启示［J］. 农业与技术，2013（7）：203－205.

经十分广泛，可通过不同种类的生物技术促进农产品产量和品质。除此之外，发达国家对生物技术研究有着完备的法律法规支持，对生物技术研究有着强有力的政策支持和经济方面的补贴，因此成就了发达国家在农产品生产技术上的领先优势。

3.2.2.3 先进的农产品生产管理

发达国家和地区对农产品生产管理有着严格和科学的把控，以日本农协组织为例，对农产品生产、运输、加工、销售整个供应链做到了监督和管理，以市场需求为导向进行生产，保证市场供给数量充足的情况下最大限度地减少生产上的浪费。对于农作物物料的使用也达到了精细化的要求，小到种子，大到农耕设备，都制定了详细的使用规范说明。

除此之外，发达国家对农产品生产有着完善的生产标准：其一，农产品标准。由于农产品是农业生产过程的最终结果，农产品的质量和安全状况最能反映其生产过程是否符合有关的标准。例如，加拿大规定，食用农产品必须符合《食品药品条例》中食品健康和安全的要求，该要求主要涉及食品添加剂、营养成分标签和要求、食品微生物、射线辐射食品、化学残留物或其他食品污染等内容。其二，生产技术规程。欧盟制定有生产技术规程，例如，肉制品、乳制品和禽蛋制品等的生产加工技术规程。其三，生态农业和有机食品的质量标准。美国农业部于 2001 年公布了“有机食品”的正式定义，并对有机食品生产机构发放统一的许可证，有机食品上加盖有“美国农业部有机”字样的章，原来非正式或各州制定的有机标准也被全国统一的有机食品标准所替代。

通过丰富的生产标准以及规范的生产流程来实现农产品生产管理

现代化，做到农产品生产标准化、精细化，保证农产品生产的规范和高效。

3.3 农产品生产方式差异性对农产品流通及物流的影响

3.3.1 生产方式差异对比与分析

通过上述对不同国家生产方式进行梳理，发现不同国家的生产方式存在较大差异，现通过表格进行对比分析总结，如表3－1所示。

表3－1 不同国家生产方式差异性对比分析

对比内容＼国家	美国	日本	荷兰	中国
主要的生产方式	家庭式农场	农协组织	农业合作社	家庭联产承包责任制与农民专业合作社并存
政策扶持力度	大力扶持家庭式农场	大力支持农协组织作为主体的生产模式	除农业合作社外，推进家庭农场构建	削弱家庭联产承包责任制，加强农民专业合作社
生产规模化	大规模、集成化	小规模、集聚化	大规模、集成化	小规模、零散化
生产机械化程度	农产品生产全程机械化	农产品生产全程机械化	农产品生产全程机械化	部分农产品生产依托机械，部分生产依靠人工
生产现代化程度	采取生物、化学多元化手段进行农产品生产	农产品生产新技术应用广泛	采取生物、化学多元化手段进行农产品生产	主要依靠化学手段进行农产品生产，生物领域有待加强研究与应用
生产管理现代化程度	制定全方位的农产品生产、流通标准，实现农产品生产管理现代化	同美国	同美国	应加强农产品生产标准制定，规范生产流程

通过对比分析，可以看出我国目前在农产品生产模式上还比较落后，生产方式与手段上还需要进一步改进。同时可以看出，不同的生产方式也造成了农产品供应链上的差异，从而影响了农产品流通方式的不同。

3.3.2 生产方式差异对流通模式的影响

首先，散、小个体的生产方式对农产品流通造成了负面影响，形成了多层级传递的农产品供应链，个体农户因产量过小先通过最低级的批发商进行收购，然后逐级传递，最后形成能够进行流通的规模。多层级的农产品供应链具有运作效率低、反应速度慢、应对风险不强的劣势，在农产品多次转运的过程中也会导致农产品变质和损坏，给农产品质量和安全带来了挑战。散、小个体生产模式下农产品流通环节如图 3 –5 所示。

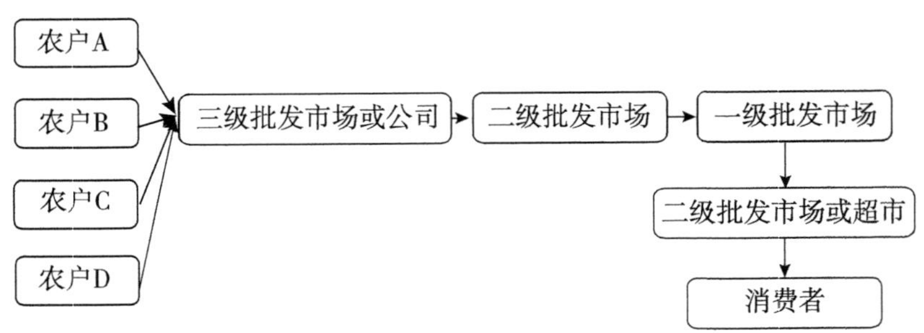

图 3 –5　散、小个体生产模式下农产品流通环节示意

对比欧美等国家和地区所实行的规模化、集成化的生产，发现其农产品供应链层级较少、环节简单。例如，美国实行的是家庭式农超对接，由农场直接对接超市，减少中间环节，提升了农产品供应链的效率，最大限度地保证了农产品在转运过程中的新鲜度，如图 3 –6 所示。

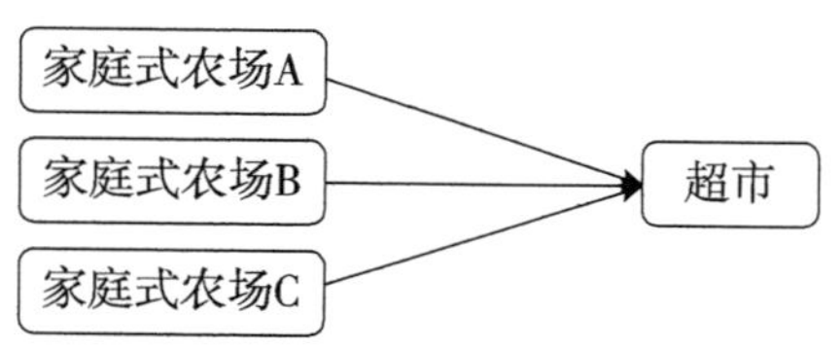

图 3－6　美国家庭式农超对接示意

除了图 3－6 对美国家庭式农超对接模式进行描述之外，我国和欧洲目前采取的合作社形式也减少了农产品供应链的层级，提升了农产品流通的效率，如图 3－7 所示。

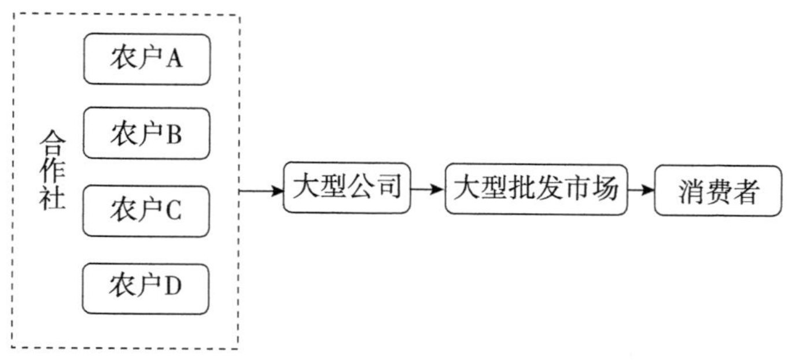

图 3－7　农业合作社农产品流通示意

农产品生产技术的不同也造成了农产品流通方式的不同。例如，有机蔬菜的种植要求从田间到餐桌进行全产业链的跟踪与检测，在生产过程中实时监测农作物所含有的化学药物成分，成熟后再对成品进行全方位的检测。在流通过程中，有机蔬菜采用超市直供或者特销模式，直接从田间地头一步到达末端销售，或者利用自建物流送货上门。

农产品不同的生产方式，会导致农产品流通层级数量的不同；导致流通过程中效率的差别；导致农产品在流通过程中质量的变化。综上所述，农产品生产方式要以规模化、集成化发展方向为主，以市场需求为导向生产、销售、经营农产品，尽量减少农产品流通环节和参与者，提升流通效率降低流通成本，对流通环节进行实时监测，保证农产品质量安全①。

3.3.3 生产方式差异对农产品物流的影响

生产方式的不同也会对农产品物流造成不同的影响。

首先，个体散户式的生产模式所产生的农产品批量较小，因此农产品在转向三级批发市场的过程中大多采用农用拖拉机和小型厢式运输车，经过二级批发市场后农产品规模有了一定提升则会采用中型运输车辆向一级批发市场进行运输。在一级批发市场进行分销的过程中，则会继续采用中、小型的运输车辆进行转运直至供应链末端的消费者。综上所述，可以发现由于物流转运环节过多，从而导致运费大幅度增加；同时每一次转运都会进行装卸搬运，增加了装卸搬运的人工成本，而这些成本的增加最直接的影响则体现在供应链末端农产品价格是供应链前端农产品价格的4～5倍。

其次，农产品在多次转运过程中增加了车辆的使用，给交通带来了一定的压力。以北京市为例，制定了许多针对农产品运输车辆的货运限行措施，禁止大型运输车辆进入北京城市中心区域，避免带来交通拥堵。由于农产品生产方式导致流通环节多、规模小造成车辆使用次数较多，对城市交通造成压力。要改善交通问题，减少农产品车辆使用，要从改善农产品的流通方式入手。改变现有的流通模式，大力提倡大批量、少批次的运输模式，从而减少农产品车辆使用，改善交通状况。

---

① 王岳含．我国农产品现代化流通模式构建［J］．商业经济研究，2016（17）：160－162.

3.4 小结

本章首先对国内外的农产品生产模式进行了梳理，通过政策、现状、发展趋势等方面详细阐述了不同农产品生产模式中的特点，分析了我国农产品生产方式中存在的不足以及国外农产品生产方式中的优点。然后，对比分析国内外农产品生产模式上的差异，并找出不同生产模式下对农产品流通及物流的影响，提出大批量、小批次的流通方式更利于农产品物流的发展，形成规模化、集成化的生产模式更利于农产品生产和流通发展，更加符合市场需求。

4 全产业链重产品型农产品流通组织模式创新

随着京津冀一体化进程的推进，北京市非首都功能的逐步外迁，流通效率成为及时满足北京市对果蔬农产品需求的决定性因素。虽然北京市目前的农产品流通体系已初具规模，但是流通模式仍然存在诸多不足之处，如流通信息化程度不高、物流技术水平低下、农产品质量和安全难以保证等问题。此外，消费者的需求也日益增多。所以，为了改变这种落后的状态以及满足消费者的需求，构建新型高效的农产品流通模式已成为北京市农产品物流发展的首要问题。

经过多年的发展，北京市已形成了以批发市场为主要流通模式，农超对接、物流中心为主体、龙头企业为主导、合作社为核心以及电商等多种流通模式并存的局面，但是依然存在着许多问题需要解决。第一，在现存的流通模式市场环境中普遍存在过多的中间环节，这也是致使最终果蔬农产品价格高的首要因素。第二，由于从事果蔬农产品经营的主体比较散、小，导致缺少大规模的果蔬农产品流通组织者，从而造成这些个体经营的主体在交易过程中成本的增加，同时还会增加投资负担、抓不住市场机会、忽视核心业务等风险。第三，我国尚未形成一个统一的信息平台来指导农户进行生产，致使果蔬农产品生产者获取信息的方式单一、落后，导致信息不对称、农产品生产者对市场预测能力差，致使农产品生产者盲目生产，承担种植风险。

因此，基于现存流通模式存在的诸多弊端，提出全产业链重产品型农产品流通组织模式创新是十分必要的。

4.1 农产品现有流通模式

目前，北京市现存多种果蔬农产品流通模式，如以批发市场为主导的流通模式、农超对接的果蔬农产品流通模式等，即为旧型流通模式。而新型流通模式是指基于全产业链视角下对北京市果蔬农产品流通模式的创新，即基于全产业链视角下重产品型农产品资源模式。

4.1.1 以批发市场为主导的流通模式

以批发市场为主导的果蔬农产品流通模式是现阶段北京市的主要流通模式，批发市场具有强大的集散功能，但同时也意味着它没有能力直接面对数量庞大的果蔬农产品生产者和购买者。这就意味着，在该模式下，果蔬农产品在流通过程中不可能只存在批发市场这一个环节，其他形式的流通主体必会参加进来。据相关资料显示，北京市约有70%的果蔬农产品是经由批发市场销售到各个团体的。该流通模式如图4－1所示。

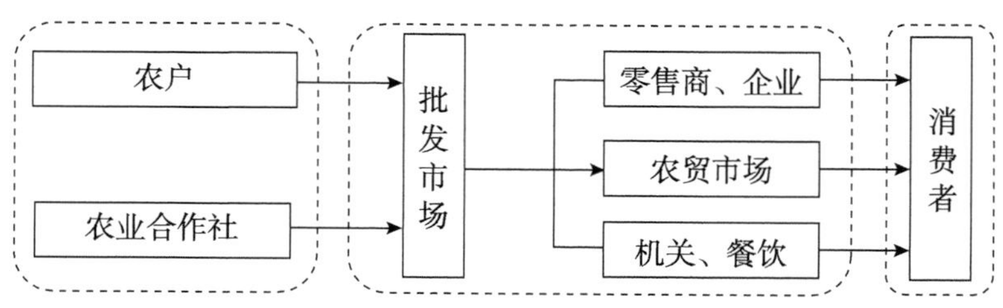

图4－1 以批发市场为主导的流通模式

4.1.2 农超对接的果蔬农产品流通模式

农超对接的果蔬农产品流通模式主要是指实力强大的超市与果蔬农产品生产者通过合同建立的直采模式，即超市拥有自己的直采基地。这种直采直销模式从根本上减少了流通环节，提高了物流效率。此外，超市作为大型综合性服务中心，除了销售果蔬农产品和其他商品外，在购物环境和方便快捷等方面都是其他流通主体无法比拟的[①]。在该模式下，超市处于绝对领导地位，拥有定价权。具体流通形式如图4－2所示。但是，这种模式实现起来也存在以下困难：①散、小的生产方式导致直采困难；②缺乏技术指导的农作物规格、质量等无法保证；③传统资金结算方式影响对接效率。

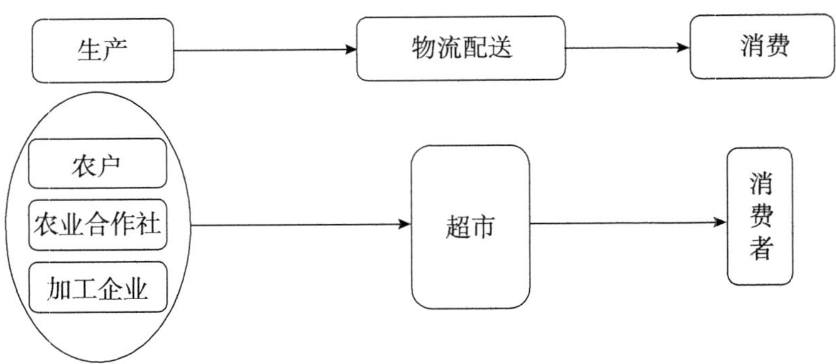

图4－2　农超对接的果蔬农产品流通模式

4.1.3 以物流中心为主导的流通模式

随着科技的不断发展和市场进程的加快，农产品的种类、生产加工和消费的目的也日趋多样化。一些商业意识敏感的运输商通过资源

① 邹华玲．基于现代物流的农产品流通模式研究［J］．今日南国，2010.

整合发展为物流公司，通过构建一体化的物流中心来实现农产品的快速高效配送，于是这种流通模式就应运而生了①，其流通模式如图 4－3所示。该模式连接的是生产者和终端零售者，减少了批发环节，提高了果蔬农产品的流通效率，既保证了其新鲜度又减少了物流成本。但是目前该模式依然存在以下几个方面的问题：流通过程中的质量保障完全依赖第三方物流的服务质量和管理水平，物流风险将会加大；委托者的物流成本与物流公司的效益之间存在着矛盾；存在着信息外泄的风险。

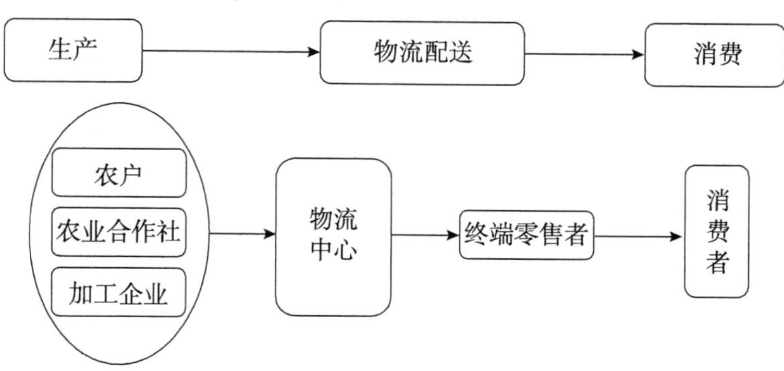

图 4－3　以物流中心为主导的流通模式

4.1.4　以龙头企业为主导的流通模式

在这种模式下，农产品生产者与龙头企业签订合同，龙头企业会以略高于市场的价格按照订单收购农产品，形成“订单农业”②。此外，龙头企业会为农户提供生产资料和一定的技术指导，然后农户按照龙头企业制定的标准进行生产、收获。在这种模式下，龙头企业有一定

① 李碧珍．农产品物流模式创新研究［M］．北京：社会科学文献出版社，2010.

② 王志伟，冉文学．农业现代化背景下农产品流通模式研究［J］．中国物流与采购，2013.

的规模，承担风险能力较强，对信息的掌控能力也比较好，因为农户与龙头企业订立了合同，所以农户也在一定程度上转嫁了风险。但此时龙头企业处于买方优势，所以虽然农户与之订立合同但效益也不能完全得到保证。其流通模式如图4－4所示。

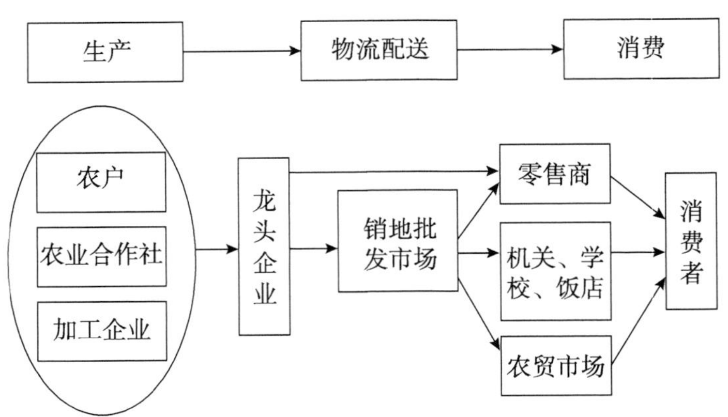

图4－4　以龙头企业为主导的流通模式

4.1.5　以合作社为核心的流通模式

农业合作社，一般由普通运销户和运销大户联合发展起来，成员多数为亲戚或者老乡，依靠诚信维持合作，规模较大。这种流通模式与第二种类似，有所不同的是，农业合作社是非营利组织，更会为农户着想，农户的利益更有保障。但是我国的农业合作社还很不成熟，它们往往业务能力差，组织松散，缺乏资金支持和理论指导，仍然处在初级阶段，其流通模式如图4－5所示。

4.1.6　电商流通模式

电商流通模式是伴随着电商的兴起应运而生的。该模式的好处在于省时便捷，对于时间紧张的上班族来说无疑是一种很好的选择方式[①]。但

① 查伟华．基于循环经济的农产品物流模式及策略研究［J］．特区经济，2011.

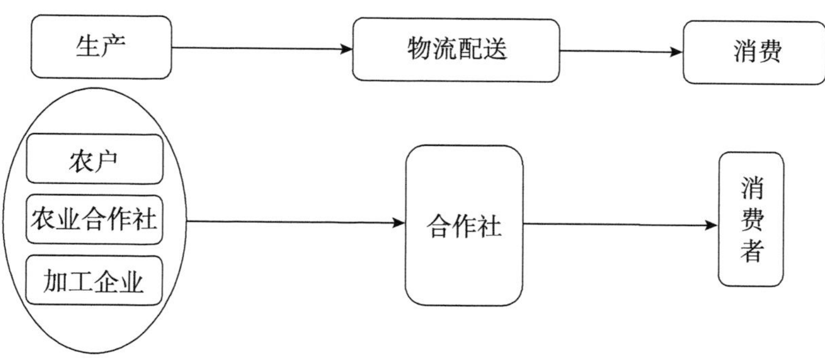

图 4－5 以合作社为核心的流通模式

是，这种模式的不足也是显而易见的。其一，这种购物方式没有对所需物品的直观体验；其二，农产品鲜活性的特点对快递时效性的要求非常高，且相对于农产品来说，小批量的运输方式毫无疑问会提高物流成本，进而导致价格的增长。其模式如图 4－6 所示。

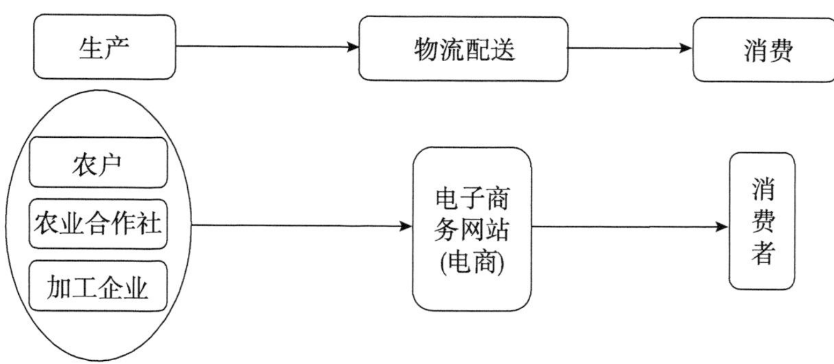

图 4－6 电商流通模式

4.1.7 现有流通模式的弊端分析小结

通过上述对 6 种现有流通模式的研究，我们可以从中发现每一种流通模式都有自己的优缺点，具体弊端如表 4－1 所示。针对这一问题，本节从现有流通模式的弊端出发，以优化我国农产品流通模式为目标，提出全产业链重产品型的农产品流通模式。

表4－1　　现有流通模式的弊端

农产品流通模式	流通模式的弊端
以批发市场为主导的流通模式	欠缺直接面对数量庞大的果蔬农产品生产者和购买者的能力
农超对接的果蔬农产品流通模式	直采困难，农作物规格、质量等无法保证，传统资金结算方式影响对接效率
以物流中心为主导的流通模式	物流风险大、物流成本与物流公司效益之间存在矛盾、有信息外泄的可能
以龙头企业为主导的流通模式	农户效益不能完全得到保证
以合作社为核心的流通模式	尚处在初级阶段，业务能力差、组织松散、缺乏资金支持和理论指导
电商流通模式	对快递时效性的要求非常高，物流成本与质量保障之间不易协调

4.2　全产业链重产品模式创新

全产业链重产品型流通模式的创新，在其流通的整个产业链中，以全局化思想为指导，以控制果蔬农产品资源为核心，通过打造核心企业，在整个产业链中做到向上控制其种植、采购，向下控制其销售，全程控制其流通，通过整个产业链的资源整合和信息共享，保障其质量安全、提高其流通效率、平抑其产品价格。

基于全产业链视角下的果蔬农产品流通模式创新内容包括两个方面：基于全产业链视角下的重土地资源模式和重产品资源模式。前者通过租用或购买土地，通过对果蔬农产品的规模化种植，实现“流通组织者＋生产者”的创新，如图4－7所示；后者通过把实力强大的流通组织者变为采购中心，控制果蔬农产品资源及其流通渠道，以掌控果蔬农产品流通的主导权，如图4－8所示。

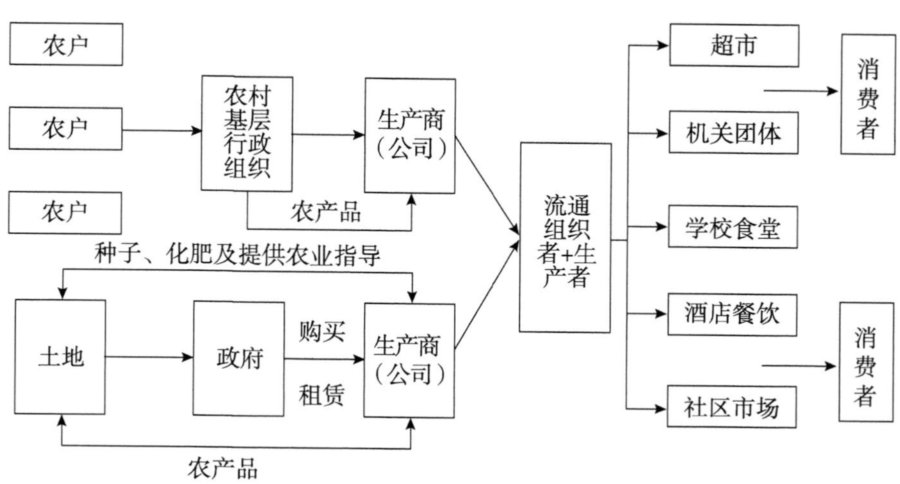

图4－7　基于全产业链视角下的重土地资源模式

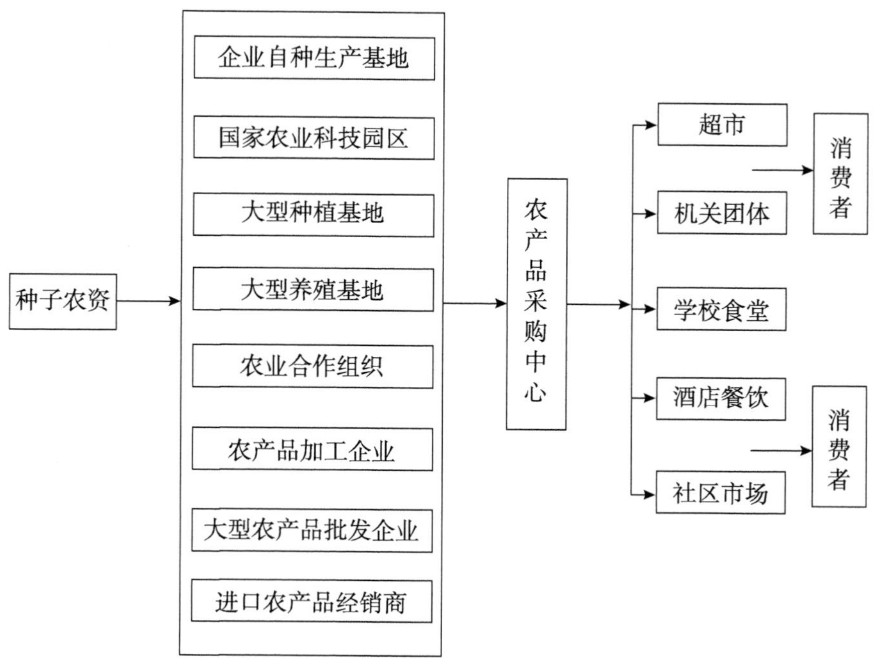

图4－8　基于全产业链视角下的重产品资源模式

4.2.1 基于全产业链视角下的重土地资源模式

4.2.1.1 重要性及意义

1. 垄断生产资源，与传统农业比收益更高

通过获得土地资源，收获其所生产的农产品，直接通过流通渠道进行交易，减少了获取农产品资源的环节，避免和上游供应商的交易分利，从而获得比传统农业更高的利润①。

2. 统一化管理利于产品质量监管和品牌建立

通过掌控大规模土地资源，企业可以按自己的意愿进行农业生产，实现规模化经济和产业化经营；土地资源的掌控有利于按照国家要求规范、控制果蔬农产品的生产、加工和流通；便于规模化、规范化地生产、收获、加工、包装、储运、检测等方面的操作以及产品品牌建立和质量控制，增强企业竞争力。

3. 规模生产便于获得国家及地方政府支持或补贴

我国是一个农业大国，农业生产有着非常重要的作用，但存在利润率低的问题，因此国家对于农业生产会给予一定税收优惠或财政补贴，并对整个产业链中的实力强大的核心企业给予政策支持，在保障其无后顾之忧的同时，让核心企业发挥更大的作用。

4.2.1.2 实现条件

1. 有完整的产业链且参与其中的各个节点企业可以分工合作

企业除了获取生产领域的垄断资源、规模种植外，需有从种植到

---

① 赵英霞．供应链视角下的农产品物流发展研究［M］．北京：中国物资出版社，2010.

加工，渠道到品牌的集生产、管理、技术、市场各环节配合的产供销一体化产业体系，以实现整个产业链的发展。

2. 工业化的标准控制和生产流程

企业要有超凡的技术和管理能力作支撑。能对基地环境现状、生产规模、生产品种、农业投入品、标准技术、田间管理、产品收获期、质量检测、绩效考核等进行统一规划管理，能够通过规模化的栽培，管理基地农作物的生产。

3. 建立全国性乃至国际性市场网络

企业有良好的农产品品牌建设、产品宣传、渠道开发和建设的能力，有强大的营销队伍和销售能力，能够为所掌控的产品资源开辟顺畅的销售渠道，建立全国性乃至国际性市场网络。

4.2.1.3 实现途径

1. 利用农村基层行政组织协助完成

企业在农村基层行政组织（如村委会）的帮助下，通过付给农民租金的方式将分散承包的土地集中起来，建立农产品生产基地。同时，聘用当地农民到基地做工。使农民既可以领到土地租金，又可以领到工资，在给当地剩余劳动力提供就业机会的同时又带动其他产业的发展，促进当地的经济建设。在此方式下，企业需考虑农户的合作意愿，对于签约意识不强的农户，企业需通过农村基层行政组织做村民的工作，在乡（县）公证的情况下，与农村基层行政组织及组织中农户签订三方合约，约定内容包括土地的租期、土地的租价、资金的结算方式及其他方面双方的责任义务等，如图 4 –9 所示。

2. 通过大规模购买或租赁土地成为大农场主

企业通过大规模租赁或购买合适的土地建立农产品生产基地，聘

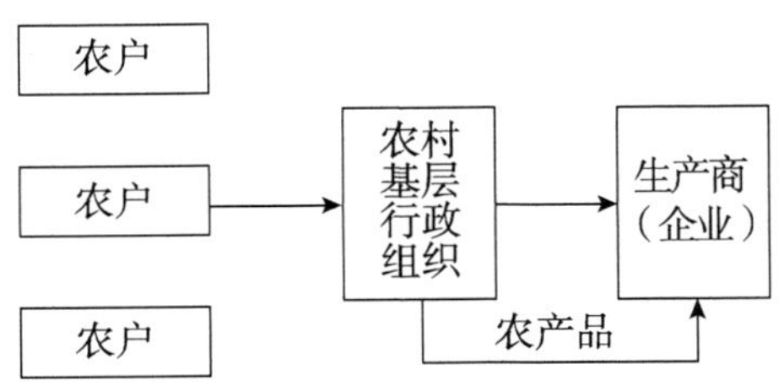

图4-9 基于农村基层行政组织协助实现

用当地农民到基地做工。使当地农民既可以在耕种自己的土地中获得收入，又可以在基地做工领到工资，给当地富余劳动力创造更多的就业机会，增加农民收入，同时带动运输、服务等其他产业的发展。在此方式下，企业不需要考虑农户及农村基层行政组织（如村委会）的合作意愿，企业只需要和政府签订土地购买（或租赁）合同以及和农民签订用工合同即可。土地购买（或租赁）合同内容包括土地的价格（或土地的租期、土地的租价）、资金的结算方式、税收及其他方面双方的责任义务等；用工合同包括聘用方式、工资、资金付给形式及其他方面双方的责任义务等。企业工作重点是进行新产品的引进、新技术的开发和基地生产管理（见图4-10）。

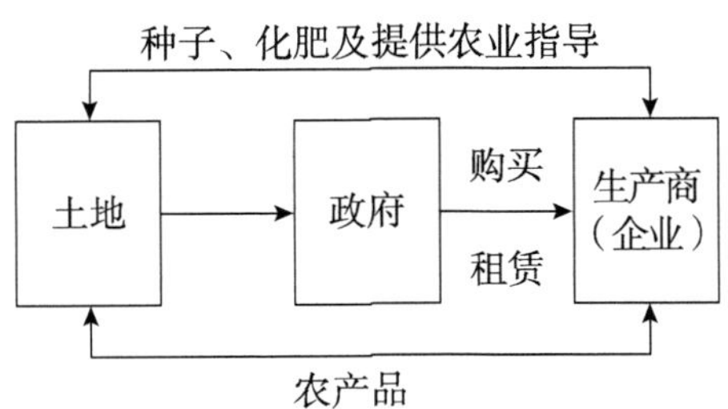

图4-10 基于大规模购买或租赁土地实现

4.2.1.4 风险分析

基于全产业链视角下的重土地资源模式下的企业任务：农产品原

料及农资采购，农产品生产管理，农产品技术咨询及指导，农产品质量监管、检测，农产品销售渠道开发以及农产品销售。主要面临风险跟农民所面临的风险类似，包括自然灾害造成的农产品歉收的风险，技术、管理不善造成的经营混乱、效率低下的风险，以及市场变化造成价格波动的风险等。

4.2.1.5 风险规避

企业需要与信誉良好的保险公司合作，引进预防自然灾害险，在这种情况下可以转嫁部分风险；选用有农业生产经验的管理人员，并加强对基地农户的技术指导和生产监管；密切注视农产品市场的变化，有发达的情报系统和分析能力，能比较准确地掌握市场需求变化。

4.2.2 基于全产业链视角下的重产品资源模式

4.2.2.1 重要性及必要性

1. 投资风险小，见效快

若租地经营会占用大量资金，且农产品种植需要一定的生长期，投资回收较慢。若建农资市场也需要一定时期的市场烘托才能培育起来。相比之下，如变成建设采购中心的话，重点在拓展流通渠道，进行订单的收集。相比前一种模式投资风险性较小，见效快。

2. 掌控流通主导权

在流通过程中，参与的各个流通主体中综合实力最强的那个，将拥有对整个流通过程及其他主体的控制力，这叫流通渠道的主导权。拥有流通控制力的主体可决定流通渠道的长度、宽窄、成员进入标准等，制定渠道规则，维护整个渠道的利益，最重要的是影响产品的价格。

4.2.2.2 实现条件

采购中心是指在原材料生产地设立的、可供一家或者多家法人采购使用的交易场所。采购中心建立的必要条件如下。

1. 必须有源源不断的订单

采购中心若想成立，首要条件就是有源源不断的订单，必须能够拿到大量的国外或者国内的订单。因此与国外或国内的果蔬农产品需求者保持稳定的战略伙伴关系，保证果蔬农产品的买进价格和买进量是十分重要的。

2. 建立地有丰富的质量合格的资源

要在一个地区建立采购中心，此地必须有丰富可供利用的资源。如果没有资源而无所采购，那么建立采购中心就是空谈。同时，该资源的规格质量应该是符合需求者要求的。如果采购地蔬菜质量都不符合国际标准，那么出口将无从谈起。

3. 当地有能将物资迅速运到消费地的交通能力

采购中心要根据消费地的需要，迅速地采购物资并运出。有便利的交通才能实现这种迅速的连通。

4. 企业有一定的流转资金

企业需要从农户手中收购产品，所以就需要有一定的流转资金。

4.2.2.3 实现途径

1. 打造重产品资源全产业链

一种方式是通过实力强大的企业建立采购中心；另一种方式是通过控制进口种子来控制产品资源。

采购中心掌控产品资源的途径：通过采购农户手中的农产品、企业自种、在农产品交易市场和其他市场采购等方式来控制农产品资源。通过获取大量国内外订单控制其流通渠道：第一，通过开拓国外市场。通过多渠道、多形式引进国外采购订单，从而实现企业发展与国际接轨。第二，通过大型商超渠道。与大型超市、商场等现代商业业态实行联合，为其采购商品。第三，农产品批发市场渠道。第四，企业自营销售网点渠道。企业自己搭建电子交易平台，在全球在线推广的同时采购商也可以在更大范围内寻找供应商，提高效率，降低成本（见图4－11）。①

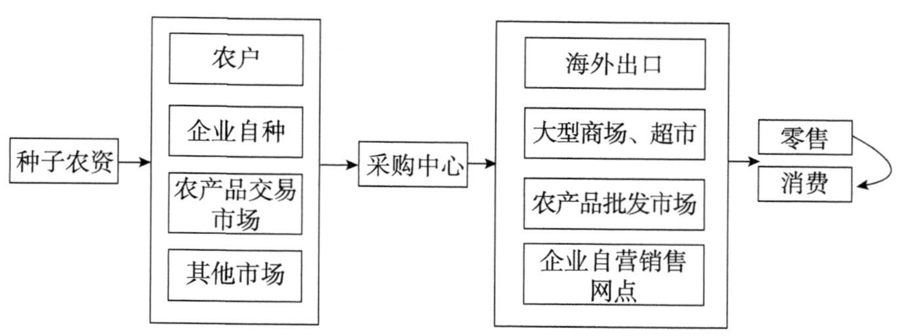

图4－11 重产品资源型产业链

2. 有效控制订单

广泛拓展国内外销售渠道，引进采购订单，扩大订单数量，通过对订单控制实现盈利。逐渐吸引采购商入驻，收取进门费。重点控制海外订单，吸引投资人入驻。北京市本地蔬菜主要面向国内的一级批发商进行出售，导致利润空间不高，但是北京市拥有多种特色蔬菜品种，因此具备大规模出口的潜力。

3. 打造自主品牌

创建自主品牌，走品牌化道路。企业将自己租用土地种植或收购

① 唐秀丽，邬跃．全产业链重产品型农产品流通组织模式创新研究［J］．物流技术，2012.

来的农产品进行增值加工，针对不同目标消费市场，设计适合不同人群需求的多样化的农产品系列，并贴上自主品牌标签①。目标市场分三类：一是国外市场；二是国内港澳台地区市场；三是内地市场。走品牌建设，自主流通加工、包装，并建立消费终端（如在一线、二线城市建立销售点），销售自主品牌的果蔬农产品。

4. 控制进口种子

国内市场农产品交易利润空间和吸引力都不大，需要扩展国外经营作为盈利点。对于农资和种子来说，国内市场在质量上跟国际要求会有一定的差距，所以对于国外订单的满足还需引进国外的种子和农资，以提高农产品质量。用高质量的种子和农资生产出的农产品是符合国外技术要求的，可以在本地物流园以较高的价格收购，那么就会吸引大量农民使用该种种子和农资。这样一来，在种子和农资的售卖上将会获得大量的利润。

4.2.2.4 风险分析

1. 订单获取存在风险

基于全产业链视角下的重产品资源模式下能否获得订单是该模式是否成功的关键，所以该模式的主要风险就是订单是否能够稳定。

2. 果蔬农产品收购风险

果蔬农产品质量也是该种模式的风险，如果能拿到大量的订单，但是不能获得符合订单质量和数量的产品，那么企业将面临违约的风险。不能获得果蔬农产品主要有以下原因：一是订单到来时农产品没

---

① 张顶兰．我国农产品流通渠道模式创新研究［D］．北京：首都经济贸易大学，2014.

有足够的供应，导致订单不能完成；二是市场上供应的农产品的质量均不能满足订单的要求。①

3. 果蔬农产品不能及时运出的风险

在果蔬农产品收购之后，由于交通、人为等各种因素导致农产品不能及时地运出也是该模式存在的风险。缺乏快速连通的运输渠道是此类风险产生的主要原因。

4.2.2.5 风险规避

1. 与国外订购商签订长期合作协议

要规避订单获得风险，只有与国外订购商签订长期合作协议，以协议作为约束双方行为的依据，以此建立长期稳定的合作关系。

2. 以某个签约地块或者一部分签约农户为基础，实现质量的监控

对于市场上大量的产品进行检测，找出现有条件下质量符合标准的农产品。与此类农户签订供应合同，并对其生产进行全程监控和质量追溯。此种方式可以减少农产品收购的风险。

3. 建立供应绿色车队和绿色通道

在确定蔬菜订购商之后，有针对性地建立蔬菜供应的绿色通道，以多种交通方式相结合的形式保证其通道的稳定顺畅。

4.2.3 基于全产业链视角下的资源整合

4.2.3.1 全产业链视角下物流资源整合的界定

全产业链视角下物流资源整合，即围绕核心企业，以全局化思想为

---

① 中国新闻网．保障食品安全应重视物流拓扑网络及关系数据库建设［EB/OL］．［2013－02－20］．http：//finance. chinanews. com/life/2013/02－20/4580665. shtml.

指导，以各种管理手段和信息技术为支撑，通过对信息、功能、组织以及各种资源的战略重组，把产业链上原来处于分散状态的各个节点企业联系起来，以达到对整个产业链各种资源的实时分享和有效控制，从而实现各节点企业之间的无缝连接，使整个产业链的效益最大化[①]。

4.2.3.2 全产业链视角下物流资源整合的背景分析

我国果蔬农产品物流效率低下、成本高昂，已经不能适应时代要求。其部分原因是我国当下的物流企业或物流活动从业者，只注重追求自己企业内部的最优，没有认识到当今世界新的竞争趋势。

（1）现代企业间的竞争不只是单个企业间的优胜劣汰，而是企业所在的产业链之间的抗衡[②]。

（2）产业链上各个节点企业已从传统的对抗性竞争关系转变为资源共享、风险共担的战略伙伴关系。

（3）企业孤立发展会存在增加投资负担、丧失市场机会的风险，从事不擅长的领域以及在每个业务领域都直接面临众多竞争对手等风险。

在这个背景下，全产业链视角下的物流资源整合对保障农产品质量安全，降低物流成本，提高产业链竞争力和抗风险能力都有重要作用。

4.2.3.3 全产业链视角下资源整合的特征

1. 顾客导向性

传统流通模式下的物流企业往往凭借自身资源，单独面向市场，因此距顾客较远，不能满足顾客要求。整合后的全产业链中的物流企

---

① 霍艳芳，姜新月．基于核心制造企业的供应链整合及绩效评价研究［J］．物流技术，2014.

② 潘华．面向制造业产业链的集成体系框架研究［J］．计算机应用研究，2013.

业，依靠明确的分工、及时的物流保证，快速满足消费者需求。而这些都是单一企业无法做到的①。

2. **系统性**

基于全产业链视角下的物流资源整合把生产、流通、消费中所有的资源，都放在一个平台上进行整合，克服了传统流通模式中企业只关注自身因素所导致的弊端。

3. **战略性**

基于全产业链视角下的物流资源整合强调战略管理。在全产业链视角下的物流资源整合模式中，各个节点企业的信息、技术等资源都成为共享资源，用战略管理的思想来指导全产业链的物流资源整合，可以克服传统模式下资源浪费和成本过高的弊病。

4.2.3.4 全产业链视角下的资源整合方式

1. **搭建全资源整合的服务平台**

全产业链视角下资源整合的核心是围绕核心企业，将各种资源放在统一的平台进行整合监管，通过对各方数据的集成、分析和处理，使整个产业链的各个参与主体能够共享平台的资源和服务，在为各节点企业提供一站式物流服务的同时，降低各个企业的生产成本、采购成本、交易成本、库存成本和经营风险，实现各方利益的最大化。这个平台可由政府、龙头企业或社会组织来搭建。

2. **构建全产业链信息整合平台**

利用现代信息技术，建立基于互联网的信息整合平台。该平台能支撑全产业链各个节点企业依据自身需求，调配包括企业内部、行业

---

① 许益亮. 农产品全产业链运行模式研究——以浙江寿仙谷为例［J］. 财经论丛，2013.

和社会资源在内的各种信息资源，通过对可得信息进行全面深入的剖析，为参与产业链的中、小型企业提供决策支撑，通过各方参与主体有机配合和无缝对接，提高产业链的整体效益。

3. **打造规模化的生产方式**

我国目前的果蔬农产品生产方式仍以散、小为主，无法形成规模效益，致使农民对自己生产种植的果蔬农产品没有议价权。全产业链视角下的物流资源整合通过租用（或购买）土地或建立采购中心的方式整合农产品资源，变农民为产业化工人，实现规模经济，增加农民收入。

4. **物流与电子商务的整合**

在整个产业链的视角下，要想实现共赢，必须打造“物流＋电子商务”的服务模式。以果蔬农产品从生产到销售的整个流通过程为例，建立“物流＋电子商务”的服务模式，搭建集生产、交易、流通一体化的服务平台，利用产业链获得符合订单质量和数量的农产品。如果不能获得果蔬农产品，那么企业将面临违约的风险。造成这一情况主要有以下原因：一是订单到来时农产品没有足够的供应，导致订单不能完成；二是市场上供应的农产品质量均不能满足订单的要求。

5. **中、小型企业的物流供需整合**

中、小型企业往往规模小、实力弱、营运不具规模效应且技术含量低，所有这些因素致使中、小型企业在自身高成本和市场低价格的重压下发展空间小。通过对整个产业链中的中、小型企业物流供需整合，可以消除中、小型企业由势单力薄所导致的资源浪费、采购优势弱、成本高等问题。全产业链下的信息技术和物流运作方式的结合，为其创造了条件，把基于整个产业链的规模化生产、交易、运输和服务结合在一起，必将提高整个产业链资源利用率。此外，各种资源的优化配置和共享，可以使企业间在相互了解的基础上，释放物流需求，寻找合作伙伴将非核心业务外包，提升企业竞争力。

6. 数据资源的整合

单个企业由于势单力薄，无法对各种数据进行全面深入的剖析。全产业链下的信息整合平台可为整个产业链的各个参与主体提供一个数据整合、剖析、处理的平台，通过信息整合平台完成对海量数据的分析处理，并根据结果进行预测。在农产品方面，通过对各种数据的深入剖析，全程指导、监测农户的生产，可避免农户因盲目生产所承担的市场风险。此外，数据资源的整合，还可以实现对物流路径的拓展，做到在物流运输过程中的快速定位和全局掌控。

7. 企业业务流程重组

在资源整合的状态下，不可忽略的一个环节：全产业链的业务流程重组（BPR），它不仅强调企业内部的资源整合重组，同时强调企业间的资源整合重组。其核心是：强调整个产业链的运行效率，在资源优化配置的情况下，去掉非增值流程。此外，全产业链的业务流程重组，同样强调企业伙伴关系的管理，强调以面向顾客取代面向产品，形成可以敏捷响应顾客需求能力的动态联盟。

4.3 全产业链重产品型模式效率评价

4.3.1 效率评价方法的选择

目前北京市已形成了以批发市场为主导的多种流通模式并存的局面，因此将以批发市场为主导的农超对接模式、农超对接的果蔬农产品流通模式、以物流中心为主导的流通模式和以龙头企业为主导的流通模式作为探讨对象，通过建立基于数据包络分析（Data Envelopment Analysis，DEA）的农产品流通效率评价模型和指标体系，将北京市现行的各种流通模式与基于全产业链视角下的果蔬农产品流通模式进行实证对比分析，以得出效率最高的流通模式。其中，值得指出的是：①虽然以龙头企业为核心的流通模式和以合作社为核心的流通模式结构类似，但由于农业合作社是非营利组织，所以在下文的流通效率评价中，将以以龙头企业为主导的流通模式为代表。②由于电商属于新兴的流通模式，所以本书也不将其考虑在内。因此，在下文的新旧果蔬农产品流通效率评价中，旧的流通模式具体包括：以批发市场为主导的流通模式、农超对接流通模式、以物流中心为主导的流通模式和以龙头企业为核心的流通模式；新模式即指基于全产业链视角下的果蔬农产品流通模式。

4.3.2 构建 DEA 评价模型

1. 评价指标的设定

评价指标的设定非常关键，因为评价者往往根据自己研究内容设定指标，所以科学性及客观性就无法得到保障，从而评价结果也会受到相应的影响，尤其是在果蔬农产品的流通过程中，因素涉及较广，指标的设定就显得尤为重要。数据包络分析（DEA）是目前比较常用的评价效率与生产率的一种分析方法，它不需要计算难以量化的综合投入和产出量，不需要确定出变量之间的数学关系表达式，不需要提前确定权重，仅通过投入产出数据，就能有效处理多投入与多产出指标的评价问题[①]。

---

① 刘志萍．基于网格化管理的电子商务物流配送体系研究［D］．北京：北京交通大学，2009.

2. C^2R **模型的构建**

设 v_i为第 i 个指标 x_i的权重，u_r为第 r 个产出指标 y_r的权重，则第 j 个流通模式投入的综合值为 $\sum_{i=1}^{3} v_i x_{ij}$，产出的综合值为 $\sum_{r=1}^{2} u_r y_{rj}$，其生产效率定义为：

$$h_j = \frac{\sum_{r=1}^{2} u_r y_{rj}}{\sum_{i=1}^{3} v_i x_{ij}} \tag{4-1}$$

问题实际上是确定一组最佳的权变量 v_1、v_2、v_3和 u_1、u_2，使第 j 个流通企业的效率值 h_j最大。这个最大的效率评价值是该流通模式相对于其他模式来说不可能更高的相对效率评价值。限定所有的 h_j值（$j=1$，2，3）不超过1，即 $\max h_j \leqslant 1$。这就是说，判断一个决策单元是否有效就看 h_k 是否是1，如果第 k 个流通模式的 $h_k = 1$，则该流通模式中流通企业相对于其他流通企业来说效率最高，或者说这一流通系统相对而言是有效的。若 $h_k < 1$，那么该流通企业相对于其他流通企业来说，效率还有待提高，或者说这一流通系统是非有效的。根据上文的阐述分析，可以建立任何一个企业的相对生产率最优化模型如下。

$$\max H = h_3 \tag{4-2}$$

$$\text{s.t.} \begin{cases} h_j \leqslant 1, j = 1, 2, 3 \\ u_r \geqslant 0, r = 1, 2 \\ v_i \geqslant 0, i = 1, 2, 3 \end{cases} \tag{4-3}$$

3. **评价决策单元技术和规模综合效率模型**

设有 n 个同类型的流通企业（也称决策单元），对于每个流通企业都有 m 种类型的“输入”（表示该单元对“资源”的消耗）以及 p 种类型的“输出”（表示该单元在消耗了“资源”之后的产出）。这 n 个企业及其输入－输出关系见表4－2。

表 4-2　　输入-输出关系

	指标	权数	1	2	…	j	…	n
输入	1	V_1	X_{11}	X_{12}	…	X_{1j}	…	X_{1n}
	2	V_2	X_{21}	X_{22}	…	X_{2j}	…	X_{2n}
	⋮	⋮	⋮	⋮		⋮		⋮
	m	V_m	X_{m1}	X_{m2}	…	X_{mj}	…	X_{mn}
输出	1	U_1	Y_{11}	Y_{12}	…	Y_{1j}	…	Y_{1n}
	2	U_2	Y_{21}	Y_{22}	…	Y_{2j}	…	Y_{2n}
	⋮	⋮	⋮	⋮		⋮		⋮
	p	U_p	Y_{p1}	Y_{p2}	…	Y_{pj}	…	Y_{pn}

每个决策单元的效率评价指数定义为：

$$h_j = \frac{\sum_{r=1}^{p} u_r Y_{rj}}{\sum_{i=1}^{m} v_i X_{ij}} \tag{4-4}$$

而第 j_0 个决策单元的相对效率优化评价模型为：

$$\max h_{j_0} = \frac{\sum_{r=1}^{p} u_r Y_{rj}}{\sum_{i=1}^{m} v_i X_{ij}} \tag{4-5}$$

$$\text{s. t.} \begin{cases} v_i, u_r \geqslant 0, \quad i = 1, 2, \cdots, m;\ r = 1, 2, \cdots, p \\ \dfrac{\sum_{r=1}^{p} u_r Y_{rj}}{\sum_{i=1}^{m} v_i X_{ij}} \leqslant 1, \quad j = 1, 2, \cdots, n \end{cases} \tag{4-6}$$

上述模型中，X_{ij}、Y_{rj}为已知数（可由历史资料或预测数据得到）；v_i、u_r为变量。模型含义是以权系数 v_i、u_r 为变量，以所有决策单元的效率指标 h_j为约束，以第 j_0个决策单元的效率指数为目标。即评价第 j_0 个决策单元的流通效率是否有效，是相对于其他所有决策单元而言的。这是一个分式规划模型，必须将它化为线性规划模型才能求解。为此，令 $\mu_r = tu_r$，$w_i = tv_i$，则上述模型转化为：

$$\max h_{j_0} = \sum_{r=1}^{p} u_r Y_{ij_0} \tag{4-7}$$

$$\text{s. t.} \begin{cases} \sum_{r=1}^{p} u_r Y_{rj} - \sum_{i=1}^{m} w_i X_{ij} \leqslant 0, \quad j = 1, 2, \cdots, n \\ \sum_{i=1}^{m} w_i X_{ij_0} = 1, \quad j = 1, 2, \cdots, n \\ u_r, w_i \geqslant 0, i = 1, 2, \cdots, m; \quad r = 1, 2, \cdots, p \end{cases} \tag{4-8}$$

写成向量形式为：

$$\max h_{j_0} = \boldsymbol{\mu}^{\mathrm{T}} \boldsymbol{Y_0} \tag{4-9}$$

$$\text{s. t.} \begin{cases} \boldsymbol{\mu}^{\mathrm{T}} \boldsymbol{Y}_j - \boldsymbol{w}^{\mathrm{T}} \boldsymbol{X}_j \leqslant 0 \\ \boldsymbol{w}^{\mathrm{T}} \boldsymbol{X}_0 = 1 \\ \boldsymbol{w} \geqslant 0, \boldsymbol{\mu} \geqslant 0, j = 1, 2, \cdots, n \end{cases} \tag{4-10}$$

其对偶问题为：

$$\max V_D = \theta \tag{4-11}$$

$$\text{s. t.} \begin{cases} \sum_{j=1}^{n} \lambda_j X_{ij} \leqslant \theta X_{i0}, \quad i = 1, 2, \cdots, m \\ \sum_{j=1}^{n} \lambda_j Y_{r0}, \quad r = 1, 2, \cdots, p \\ \lambda_j \geqslant 0, \quad \theta \text{ 无约束} \end{cases} \tag{4-12}$$

写成向量形式为：

$$\min \theta \tag{4-13}$$

$$\text{s. t.} \begin{cases} \sum_{j=1}^{n} \lambda_j \boldsymbol{x}_j + S^- = \theta \boldsymbol{X_0} \\ \sum_{j=1}^{n} \lambda_j \boldsymbol{y}_j - S^+ = \boldsymbol{Y_0} \\ S^- \geqslant 0, \ S^+ \geqslant 0, \ \lambda_j \geqslant 0 \\ \theta \text{ 无约束} \end{cases} \tag{4-14}$$

最优解为 λ^*、S^{*-}、S^{*+}、θ^*，则有如下结论：

若 $\theta^*=1$，则 DMU_{j_0}为弱 DEA 有效（总体）。

若 $\theta^*=1$，且 $S^{*-}=0$，$S^{*+}=0$，则 DMU_{j_0}为 DEA 有效（总体）。

若 $\theta^*=1$，则 DMU_{j_0}为 DEA 无效。

若存在 λ_j^*（$j=1, 2, \cdots, m$）使 $\sum_{j=1}^{n}\lambda_j=1$ 成立，则 DMU_{j_0}为规模效益不变。

若不存在 λ_j^*（$j=1, 2, \cdots, m$）使 $\sum_{j=1}^{n}\lambda_j=1$ 成立，则 $\sum_{j=1}^{n}\lambda_j^{*}<0$，$\mathrm{DMU}_{j_0}$为规模效益递增。

若不存在 λ_j^*（$j=1, 2, \cdots, m$）使 $\sum_{j=1}^{n}\lambda_j=1$ 成立，则 $\sum_{j=1}^{n}\lambda_j^{*}>1$，$\mathrm{DMU}_{j_0}$为规模效益递减。

4.3.3 新、旧果蔬农产品流通模式效率评价实证分析

鉴于北京市是我国果蔬农产品消费的大城市，果蔬农产品流通比较频繁，实证中以北京市内新、旧果蔬农产品的流通模式为对象，选择各种流通方式中的具有代表性的流通主体，包括超市、企业、批发市场、农贸市场等。根据果蔬农产品相关资料查阅和实证调研，汇集处理各种数据，得到新、旧流通模式下各个环节的最初投入与最终产出。以下所应用的数据主要来源于各大统计年鉴资料的整理以及实地调研过程中所获得数据的处理、分析。

1. 投入指标

（1）服务费用 x_1（元）。包括直接、间接两部分。

（2）人工成本 x_2（元）。包括自身劳动的折价费和付给他人的工资。

（3）土地成本 x_3（元）。包括自己的土地折租费和租用集体或他人的土地租金成本。

（4）物流成本和运输时间成本 x_4（万元）。

2. **输出指标**

（1）主要成品出售量 x_5（kg）。

（2）净利润 x_6（元）。净利润即收益，用公式表达为：净利润 = 总利润 ×（1 - 所得税税率）。一个企业运营得好坏主要靠净利润体现。

（3）成本利润率 x_7。利润率是剩余价值与全部预付资本的比率。如以 p' 代表利润率，m 代表利润，C 代表全部预付资本（$c+v$），那么利润率 $p'=m/C=m/(c+v)$。利润率通常可以显示出某个公司在某个时间段内运营成果的好坏。成本利润率 = 利润 ÷ 成本 ×100%，销售利润率 = 利润 ÷ 销售量 ×100%。

（4）每 50kg 的平均售价为 x_8（元）。

3. **基于 DEA 模型的实证分析**

选择北京市作为实证研究对象，在不同的流通方式下，选择具有代表性的超市、企业、批发市场、农贸市场等为调查对象。

（1）以批发市场为主导的流通模式。北京新发地批发市场 DMU1，北京岳各庄批发市场 DMU2，北京八里桥批发市场 DMU3。

（2）农超对接流通模式。家乐福连锁超市 DMU4，沃尔玛连锁超市 DMU5，华联连锁超市 DMU6。

（3）以物流中心为主导的流通模式。中储物流在线有限责任公司 DMU7，中都物流有限公司 DMU8。

（4）以龙头企业为主导的流通模式。天安农业 DMU9，物资集团 DMU10。

（5）基于全产业链视角下的果蔬农产品流通模式。茄子种植农户 DMU11。

调查得到数据如表 4－3 所示。

表 4－3 五种流通模式的样本数据

模式	决策单元	x_1	x_2	x_3	x_4	x_5	x_6	x_7	x_8
以批发市场为主导模式	DMU1	312	227	133	5567	256	192	0. 32	103
	DMU2	345	240	135	6257	292	219	0. 36	118
	DMU3	304	216	125	5289	236	184	0. 31	101
农超对接模式	DMU4	380	380	122	9876	260	242	0. 33	120
	DMU5	375	433	143	12246	320	271	0. 32	123
	DMU6	371	367	117	9234	240	234	0. 32	117
以物流中心为主导模式	DMU7	358	283	149	4608	270	227	0. 33	115
	DMU8	403	325	167	4673	279	253	0. 36	147
以龙头企业为主导模式	DMU9	398	372	166	8016	280	250	0. 31	120
	DMU10	408	458	170	8208	301	273	0. 32	121
基于全产业链视角下的模式	DMU11	239	195	158	2045	225	163	0. 24	78

DEA 模型评价结果如表 4－4 所示。

表 4－4 基于 DEA 模型的五种流通模式的果蔬农产品流通效率评价结果

模式	样本	θ^*	S_1^{*-}	S_2^{*-}	S_3^{*-}	S_4^{*-}	S_5^{*+}	S_6^{*+}	S_7^{*+}	S_8^{*+}
以批发市场为主导模式	DMU1	0. 7	0	32. 5	20. 3	305	0	0	0	0. 06
	DMU2	0. 8	28. 6	0	18. 4	278	5. 5	0	19. 8	0
	DMU3	0. 7	0	31. 1	19. 6	296	0	25. 3	0	0. 06

续 表

模式	样本	θ^*	S_1^{*-}	S_2^{*-}	S_3^{*-}	S_4^{*-}	S_5^{*+}	S_6^{*+}	S_7^{*+}	S_8^{*+}
农超对接模式	DMU4	1	0	0	0	0	0	0	0	0
	DMU5	0.9	13.2	0	0	102.5	0	0	0	0.09
	DMU6	0.9	0	25.6	0	0	6.8	0	0	0.07
以物流中心为主导模式	DMU7	0.9	0	17.8	0	151	0	0	0	0
	DMU8	0.8	20.1	0	11.7	0	0	28.3	0	0.1
以龙头企业为主导模式	DMU9	0.8	24.2	6.7	0	260	0	17.6	0	0
	DMU10	0.8	28.2	0	18.7	284	5.6	0	19.4	0
基于全产业链视角下的模式	DMU11	1	0	0	0	0	0	0	0	0

由 DEA 模型解的判定定理可知：若 $\theta^*=1$，且 $S^{*-}=S^{*+}=0$，则 DMU_{j_0} 为 DEA 整体有效。由表 4－4 可知，11 个决策单元 DMU 中，DMU4 和 DMU11 为 DEA 整体有效，即产出和投入达到最大值；而其他决策单元 θ^* 值均小于 1，为非 DEA 有效。

从结果输出的 θ^* 值可以看出五种流通模式中基于全产业链视角下的果蔬农产品流通模式和农超对接模式下的 DMU4 样本并列第一。考虑到农超对接模式下其他样本并未达到最优，不具有普遍性，本书所提出的新模式是效率最高的。

4.4 小结

北京市果蔬农产品流通模式创新主要包括两部分：一是基于全产

业链视角下的流通模式创新；二是基于全产业链视角下的物流资源整合。通过基于产业链视角下的各种资源共享和战略重组，把产业链上原来处于分散状态的各个节点企业联系起来，通过培养实力强大的核心企业，实现“流通组织者 + 生产者”的创新，产业链通过向上延伸与果蔬农产品生产者对接，向下延伸与终端消费者对接，全程控制其流通，从根本上缩短流通渠道，在保障其质量安全的同时，提高物流效率。基于全产业链视角下的模式是与北京市经济发展大背景相适应的新型流通模式。

通过分析比较北京市现存的几种流通模式，并建立 DEA 效率评价模型，从而论证流通模式创新的意义。由新、旧果蔬农产品流通模式 DEA 模型效率评价实证分析得出，基于全产业链视角下的果蔬农产品流通模式的流通效率是最优，即新模式比绝大部分旧模式的流通效率高。从而可知新模式可以弥补旧模式流通效率低的不足之处，对提高北京市果蔬农产品流通效率具有极大的促进作用。

但是基于全产业链视角下的农产品流通模式创新，有一定的局限性。

（1）此模式体系下，核心企业的工作量巨大，包括农产品生产管理、农产品原料及农资采购、农产品技术咨询及指导、农产品质量监管、检测，农产品销售渠道开发以及农产品销售等，因此对其实力要求非常高。

（2）此模式存在一定的风险，如订单获取风险、农产品收购风险、农产品不能及时运出风险等。

总之，要想改变北京市的物流现状，就要稳定农产品物价、保障农产品质量安全、提高流通效率、降低物流成本，必须以产业链的思想为指导，鼓励产业链上各个流通主体的参与者协调合作、优势互补。

同时，政府部门也应与时俱进，依靠宏观调控手段，出台相应的政策、法规，提供相应的财政补贴，规范农产品的流通秩序，保障农产品的质量安全，促进我国的农业发展。此外，如何将国外的成功经验与我国的实际情况相结合，创造出有中国特色的农产品物流模式，是值得我们深入探讨的研究课题。

5　全产业链重产品型农产品物流资源整合创新

5.1　农产品物流资源整合方法研究

（1）纵向整合：企业为了降低在经济活动中所使用资源成本从而提高自身核心竞争力，保留核心业务，分离非核心业务给上下游企业。物流活动是纵向整合中的重要方面，但它一般是企业的非核心业务，所以将物流资源沿全产业链进行纵向整合，同时能够为企业提供更专业化的物流服务。参与纵向物流资源整合的企业通常具有拥有物流资源、参与全产业链物流活动的特征，它们一般会与上下游企业签订有关于物流资源使用方面的协议，通过全产业链的协调运作体现整合效益。

（2）横向整合：本节将能提供同类物流服务的企业看作同类企业，其在管理上是各自自治状态，但地理位置上是分散状态。在某一环节上开展物流资源整合界定为横向物流资源整合，具体表现形式为同类企业间的联盟。参与横向物流资源整合的企业通常具有拥有物流资源、物流服务内容相近的特征，一般会与同类企业签订有物流服务合作方面的协议。横向整合的特点是随着合作加深，各类物流资源将有效地在物流环节中得到调配，并在整合范围扩大的同时呈现出相互影响的趋势。

（3）网状整合：随着信息技术、物联网技术的发展，信息的便利使得企业可方便随时了解到企业内部各类物流资源的情况，进而会带来物流资源整合的复杂化，也使企业能够同时参与到全产业链的各项活动中，即便在某一环节的物流活动中，企业也会面临有多个合作企业的情况。在网状物流资源整合结构中，既存在着沿着全产业链方向的纵向物流资源整合，也存在着在某一个具体环节的横向物流资源整合。这种交错现象增加了物流资源整合的复杂性，进而呈现出网状物流资源整合的状态。

本节的研究主要面向全产业链上各个节点企业，整合对象是企业物流资源，整合方式为横向物流资源整合，通过资源整合平台的构建，企业间的合作关系越紧密，横向物流资源整合的效果越显著。随着各类物流资源能够在平台中得到有效的调配，在整合范围扩大的同时各个企业的效益共同发展，提高了企业的物流能力。

5.2 基于网格化理论的农产品物流资源整合创新

5.2.1 网格化理论基础概念

网格是近年来国际上兴起的一种重要信息技术，其新兴的资源共享模型和开放的基础设施环境与传统管理模型截然不同，给未来社会经济管理“网格化”带来了深远影响。其思想主要是利用互联网将分散在不同地理位置的资源进行维系和融合，实现“资源共享、协同工作”的目标。

网格五层沙漏结构的内部组成如图 5－1 所示，该结构通过“协议”将终端用户和虚拟组织联系起来，实现资源共享、协同工作。

图 5－1　网格五层沙漏模型

其网格“协议”具体划分为五个层次：

（1）构造层：由物理和逻辑实体组成，集成具体资源，主要目的是为上层用户提供所共享的资源。物理资源包括计算资源、存储系统、目录、网络资源等；逻辑资源包括分布式文件系统、分布计算池、计算机群等。

（2）连接层：是构造层和资源层的黏合层，起到上下层的相互联系和承接作用以及安全认证作用。

（3）资源层：将具体资源抽象成结构化数据库，并通过构造层的函数来访问和调用资源。

（4）汇集层：将资源层中以单个形式存在的受控资源进行集中协调，方便上层的应用程序共享和调用。

（5）应用层：用户应用程序层，是根据不同虚拟组织提交的需要来选择具体资源并解决问题。

随着网格五层沙漏结构不断完善和发展，现已发展为面向服务的架构（Service - Oriented Architecture，SOA），包括开放网格服务架构（Open Grid Services Architecture，OGSA）和 Web 服务资源框架（Web Services Resource Framework，WSRF）。在该架构中，网格服务作为一种可自己组织描述和重复利用的软件组件，可灵活部署在每个网格节点中，能够动态管理和调用网格中的资源。

5.2.2　网格化管理方法适用性分析

网格化管理是基于网格服务的思想在所选定系统边界范围内实现"信息整合、协同工作"的一种管理模型。通过该模型，把管理对象依照固定的规则来划分成多个网格，动态地管理和调用各网格的资源，使网格与网格之间进行资源共享，从系统整体的角度，达到提高管理的效率以及对资源配置的目的。

本节中的农产品物流资源整合是在全产业链重产品的背景下提出的，全产业链重产品型流通组织模式以掌控农产品资源为抓手，引导传统生产方式的改变，促进流通组织规模化，缩短流通渠道，保障农产品质量安全，实现农产品价格控制的主导权，解决当前农产品价格、质量安全、农民增收的问题；通过全产业链重产品型农产品物流资源整合模式创新，以物流来整合与优化全产业链上资源，实现生产、流通与物流系统的协同，降低农产品流通成本，提高物流效率。

对农产品物流资源进行整合需要从系统整体优化的角度来进行，所要达到的目标是资源共享、协同工作，实现系统整体优化，故网格化管理为优化北京市农产品配送资源配置提供了一种新思路，在农产品资源整合模式构建中引入网格化管理思想具备一定的合理性和适用性。

5.2.3 网格化农产品物流资源整合模式总体设计

结合网格化管理的思想，将资源网格体系结构应用到农产品物流资源整合中，对资源整合模式进行设计。该模式结构中的模块均以网格服务的形式部署，通过相应的网格服务接口及通用的通信协议（如HTTP)，使不同区域和不同虚拟组织中的用户都可以随时随地访问网格所提供的网格服务。这些网格服务具有高度的灵活性，可随时增加或者从网格中移除，令整个农产品物流资源网格具有一定的可拓展性。

具体资源整合模式构建在分布式资源上，如图5－2所示，从下往上依次为网格基础设施层、资源集成层、业务流程构造层、业务服务层、元信息表示层和门户层6个不同的层次。其中除门户层属于外接应用程序外，所有层次都由网格服务构成。

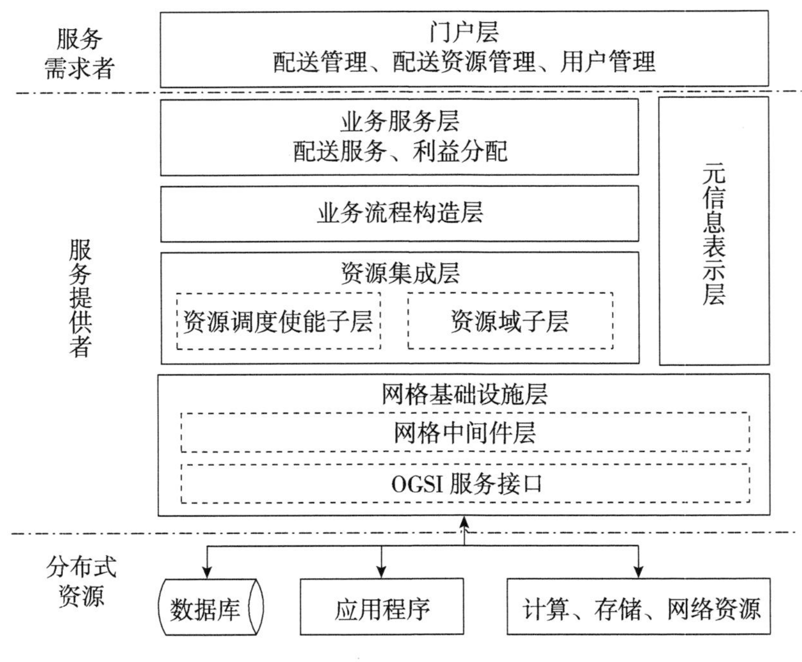

图5－2 网格化资源整合模式总体设计

（1）网格基础设施层：整个配送资源网格的运行平台，它的底层是分布式资源，比如数据库，计算、存储、网络资源等。该层将不同的基础信息通过信息技术抽象为可统一管理的逻辑实体，主要有网格中间件层和服务接口，中间件负责系统的安全认证等模块，标准的服务接口（Open Grid Services Infrastructure，OGSI）能够使上层方便对下层信息数据资源进行访问操作。

（2）资源集成层：主要功能是将抽象为结构化数据的物流资源，通过网格服务的形式来进行管理。根据不同的分工，分为资源调度使能子层和资源域子层。资源调度使能子层负责根据上层的需求对资源域中的资源进行匹配、调配；资源域子层由分布式的资源域构成，其中每个资源域都包含局部范围内的物流资源信息及一组处理该信息的网格服务。

（3）业务流程构造层：主要功能是根据需求和反馈对配送流程进行构造并记录在配送过程模板库中以备调用，同时对服务层上传具体业务流程。

（4）业务服务层：主要功能是对业务流程构造层上传的配送业务流程包进行解析，并且根据资源集成层提供资源相关信息，进行任务分配和具体的运输服务以及完成任务后的用户评价和利益分配等。

（5）元信息表示层：主要功能是提供配送资源信息、网格服务的语义注释，是面向资源集成层、业务流程构造层和业务服务层的“翻译机”，有助于各层内部开展工作和各层之间的接口连接，能够根据用户需求精准地匹配资源和优化调度。

（6）门户层：主要功能是提供给用户一个提交配送需求的平台，根据用户指令来调用下层的网格服务，表现形式为统一的 Web 入口或者访问界面。如果把下面的几层作为服务提供者的话，那么该层相当于服务需求者。

全产业链重产品型流通组织模式背景下农产品物流资源整合模式的重点应围绕资源集成层、业务流程构造层和业务服务层开展，具体在于资源域的划分和集成与业务服务流程设计。其关系如图5-3所示，在业务服务层中可发现和组合资源集成层提供的网格服务。

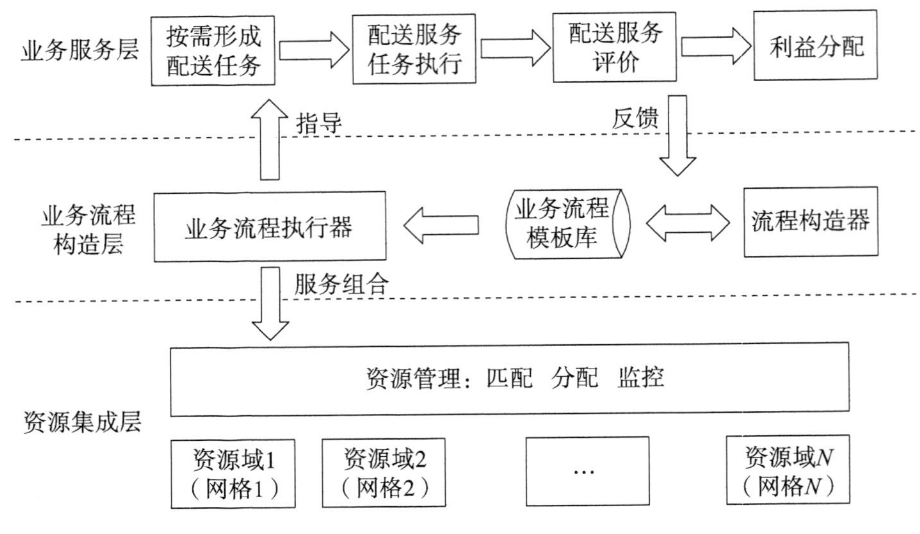

图5-3 业务流程与资源示意

本节中全产业链重产品型流通组织模式背景下农产品资源整合模式构建主要按照如下思路。

（1）物流资源集成设计：物流资源网格（资源域）的划分和网格资源的集成设计。主要是将北京市内的各种物流资源通过相关的规则分成多个资源网格，形成若干个资源域，利用资源集成层的搭建将具体物流资源抽象成结构化数据，按照一定的逻辑关系来进行封装和集成，并且通过网格服务技术来进行管理，以便资源调度使能子层根据用户具体需求对具体资源进行匹配、分配和监控。

（2）业务服务流程设计：在全产业链重产品型流通组织模式背景下，整合北京市所管辖范围内的所有农产品物流资源，建立统一的农产品物流需求受理部门，再造“需求发出—需求受理—任务分解—任务执行—服务完成”等衔接紧密的跨组织业务处理流程，使用户能够在网格服务支持下获得配送服务。由于全产业链重产品型流通组织模式的建立是一个长期的系统性的工程，其流程需要适应不同的情况，故在本模式中根据业务服务层中的反馈来对业务流程进行修正记入模板库，并且通过业务流程执行器来指导其具体流程。

5.3 资源整合仿真模拟及效果分析

5.3.1 仿真模型问题背景

本节建模的实际背景是全产业链重产品型流通组织模式基础上，对北京市农产品物流资源进行整合，运用 FlexSim 仿真构建配送资源整合优化模型，通过定量的测评指标值将非网格化和网格化的物流资源整合模式进行比较，验证此模型的可行性和可操作性。

为了建模方便及仿真结果便于比较，现做如下设定。

（1）运行时间设定：假设需要业务时间为 8 小时/天，用户可以 24 小时提交网格模型的需求，由于到达时间和处理时间的变化，每个节点的需求是独立的，而估计的平均值不大，所以选择服从指数分布。

（2）农产品种类设定：鉴于农产品种类繁多，我们针对北京市日常生活所需基本农产品种类，结合国家进行数据统计时所选取的统计种类，本节选取交易量最大的蔬菜作为物流资源整合的主要研究对象。

（3）物流资源设定：假设在模拟网格区域的用户需求和资源分布提交的是一对一的，即需求的服务与资源的分配不考虑对应于多个分布的资源需求；资源状态为可用状态。

(4) 系统设定：假设系统部署完成同样运转；同时本仿真模型略去资源监控与决策环节。

(5) 控制变量设定：在非网格化和网格化两种模式的设置中，均赋以相似的参数，确保仿真结果的可比性。

5.3.2 系统数据

本节根据调研数据，选取北京市蔬菜不同时期的日需求量，高峰期：1.5 万吨；低谷期：1.0 万吨；平时期：1.2 万吨。车辆运力为 1.0 吨，以平时期为例，假设用户每天的配送需求量为 1.0 吨，则每天访问用户为 12000 人。按照资源每天服务 8 小时计算，系统仿真时间为 28800 秒，队列的服务规则为 FIFO（先入先出队列），各流程的处置时间设为固定值 1。其中考虑到用户登录系统会遇到设备、网络等问题的影响，故在设置提交需求时，将故障率设置为 5%，即 95% 的概率提交成功。用户在单个物流信息平台（Logistics Information Platform，LIP）中可获得匹配的资源概率为 50%，在多个平台（本节设定为 4 个）中都不能获得匹配资源的概率为 6.25%，故系统仿真在设定集成的配送资源管理中心（Resource Management Center，RMC）中可获匹配的资源概率为 93.75%。

用户需求到达时间按照非网格化和网格化两类服务模式来讨论：

(1) 非网格化服务平均到达时间。

用户需求到达时间服从指数分布分别为 Exponential（0，1.92，1），Exponential（0，2.40，1），Exponential（0，2.88，1），具体如表 5-1 所示。

表 5 –1　非网格化服务平均到达时间

时期	总需求（万吨）	平台访问用户数量（人）	平均到达时间（秒）
1	1.5	15000	1.92
2	1.2	12000	2.40
3	1.0	10000	2.88

注：时期 1 ~3 分别为高峰期、平时期和低谷期。

（2）网格化服务平均到达时间。

网格化资源整合模式的用户需求是分散到各个网格的配送资源管理中心进行分配的，故根据每个网格的人口比重，得出每个网格可服务的用户数量和需求平均到达时间，具体如表 5 –2 所示。

表 5 –2　网格化服务平均到达时间

时期	总需求（万吨）	平均到达时间（秒）	用户数量（人）				
			网格 1	网格 2	网格 3	网格 4	网格 5
1	1.5	1.92	5400	3300	1500	750	4050
2	1.2	2.40	4320	2640	1200	600	3240
3	1.0	2.88	3600	2200	1000	500	2700

注：时期 1 ~3 分别为高峰期、平时期和低谷期。

以平时期为例，总需求量为 1.2 万吨，用户每天的配送需求量为 1.0 吨，按照各网格的人口比重（网格 1：36%；网格 2：22%；网格 3：10%；网格 4：5%；网格 5：27%）计算出网格 1 ~5 的可服务用户数量分别为 4320 人，2640 人，1200 人，600 人，3240 人。

5.3.3 仿真模型描述

根据上述分析，设定北京市农产品配送资源整合系统提供 5 个网格区域的物流资源服务，接下来，将建立非网格化与网格化两种模型的运作流程，以便进行仿真比较。

非网格化模型流程：当用户有配送需求，通过电话或者相关平台提交配送需求，本仿真中设定为向物流信息平台（LIP）进行搜索。由于单个物流信息平台（LIP）针对不同的用户有不同的访问权限，且平台与平台之间数据接口不一致，无法共享物流信息，容易遇到供需不匹配状况。所以本节设定用户在登录一个物流信息平台（LIP）后如发现没有所需的配送资源（概率为50%），就登录其他平台来再次提交配送需求，假定用户在登录4个不同的平台之后还是无法获得所需的资源（概率为6%），就放弃并退出系统，即获取服务失败。非网格化模型仿真逻辑模型如图5-4所示。

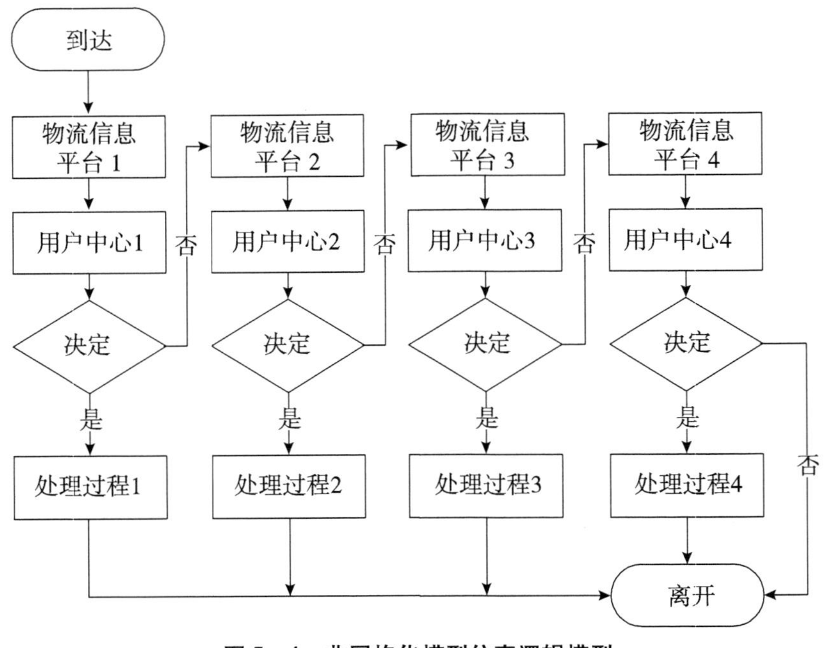

图5-4　非网格化模型仿真逻辑模型

网格化模型流程：当用户有配送需求，通过电话或者服务窗口统一向北京市配送需求受理平台（RC）提交配送需求，平台认证用户并将需求提交到配送资源网格系统后，业务服务层就会按照业务流程构造层中的执行器所制定的基本流程运作。需求受理平台对需求核实后，此时要考虑到网络安全及软硬件故障，设定其存在故障率，当网络故障发生时，用户直接离开系统。若没有故障则形成配送任务发送任务包到资源管理中心（RMC），即资源集成层，主要负责对任务进行分解，发送指令和资源信息库的资源进行匹配，优先和需求用户所在的网格（资源域）资源进行匹配，成功后发送调配资源信息到执行中心执行配送任务；在进行配送资源服务时，若该类资源显示占用，则通过控制中心进行协调反馈到用户平台（UC）令其单队列等待，同时资源调度使能子层向其他网格（资源域）进行资源匹配，调用该网格资源，以协调不同资源域之间的协同工作并制订出灵活的配送资源调配策略。概念模型如图 5 -5 所示。

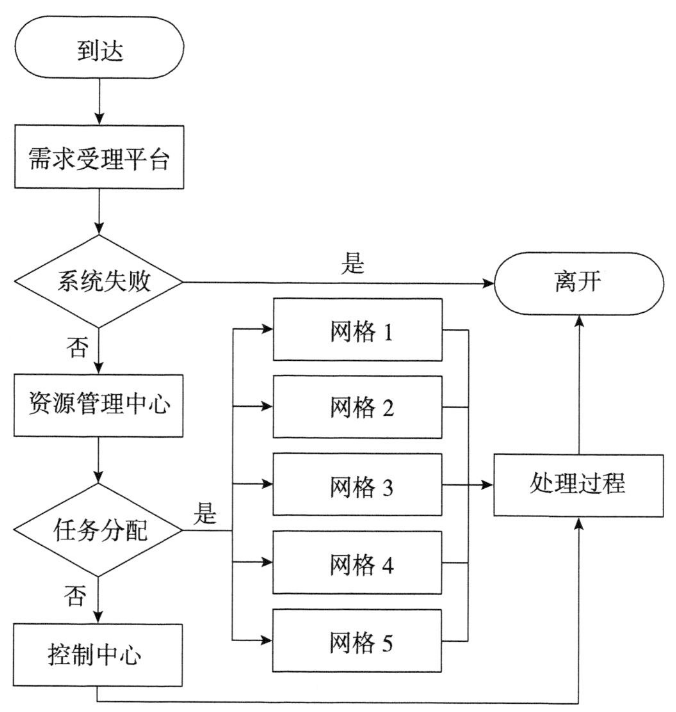

图 5 -5　网格化模型仿真逻辑模型

5.3.4 仿真模型实体设计

FlexSim 中实体可分为固定实体（Fixed Resources）和任务执行器（Task Executers）。任务执行器是模型中共享的可移动的资源，如操作员、运输机等。本节中的仿真只涉及平台中配送资源的调配效率，故只运用到发生器（Source）、暂存区（Queue）、处理器（Processor）和吸收器（Sink）。

（1）非网格化服务。

按照非网格化模型的概念模型，在 FlexSim 系统中构建出仿真模型，添加发生器（Source）产生临时实体表示为需求到达，按照不同时期的需求量，到达时间均服从指数分布，分别为 Exponential（0，1.92，1），Exponential（0，2.40，1），Exponential（0，2.88，1）3 次仿真。4 个暂存区（Queue）和处理器（Processor）为物流信息平台（LIP）进行信息处理的区域，吸收器（Sink）处理临时实体表示用户离开系统。具体参数设置如表 5－3 所示，其仿真设计如图 5－6 所示。

表 5－3　　　　非网格化服务的仿真参数设置

模型元素	系统元素	备注
Source1	用户到达	按照不同时期的需求量，到达时间按照指数分布分别设置：Exponential（0，1.92，1），Exponential（0，2.40，1），Exponential（0，2.88，1）
Queue 3～6	队列（暂存区）	用户登录提交需求时，95% 的概率提交成功，5% 的概率遇到设备、网络等问题失败：Output—Send to Port—Random by Percentage：95% to port 1，5% to port 2
Processor 7～10	物流信息平台（LIP）	运作各流程的服务时间设为固定值 1：Process Time = 1。假定用户四次登录不同的 LIP 后，若还是未能获得所需的配送资源，那么就视为用户放弃，且在该平台获得资源的概率为 50%：Output—Send to Port—Random by Percentage：50% to port 1，50% to port 2

续 表

模型元素	系统元素	备注
Processor 11～14	处理过程	运作各流程的服务时间设为固定值1：Process Time = 1
Sink 15～16	结束	服务完成/用户离开平台

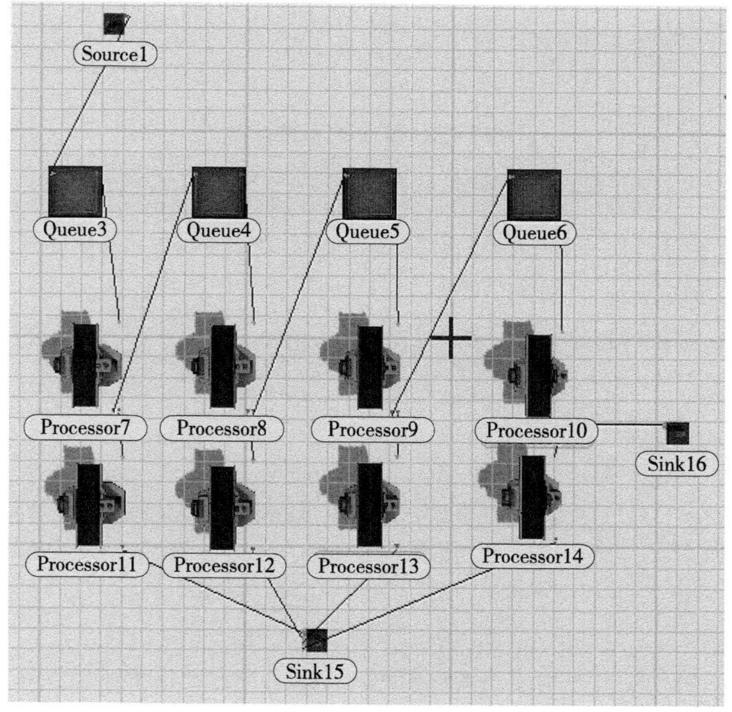

图5－6 非网格化业务流程模型仿真构建

（2）网格化服务。

按照网格化模型的概念模型，在 FlexSim 系统中构建出仿真模型，同样，添加发生器（Source）产生临时实体表示为需求到达，按照不同时期的需求量，到达时间均服从指数分布，分别为 Exponential（0，1.92，1），Exponential（0，2.40，1），Exponential（0，2.88，1）3 次仿真。由于系统能够识别网格用户的需求，其用户需求是分散到各个网格的配送资源管理中心进行分配的，故根据每个网格的人口比重，设置需求到达的类型。不同于非网格化服务，用户只需将需求提交到需求受理平台（RC），即添加一个暂存区（Queue），同样设置设备故障率为5%。设置资源管理中心（RMC）和资源调度（RS）代表处理问题的过程，另设 Processor 7 ~ 11 作为 5 个配送资源网格的处理，吸收器（Sink）处理临时实体表示用户离开系统。具体设置如表 5 -4 所示，其仿真设计如图 5 -7 所示。

表 5 -4　　网格化服务的仿真参数设置

模型元素	系统元素	备注
Source 2	用户到达	按照不同时期的需求量，到达时间按照指数分布分别设置：Exponential（0，1.92，1），Exponential（0，2.40，1），Exponential（0，2.88，1），另外根据不同网格的人口比重分布需求：Triggers—On Exit—Set Item Type by Percentage：36%—itemtype 1，22%—itemtype 2，10%—itemtype 3，5%—itemtype 4，27%—itemtype 5
Queue 3	需求受理平台（RC）	用户登录提交需求时，95%的概率提交成功，5%的概率遇到设备、网络等问题失败：Output—Send to Port—Random by Percentage：95% to port 1，5% to port 2
Processor 4	资源管理中心（RMC）	运作各流程的服务时间设为固定值1：Process Time = 1。假定需求方所在的资源域中只能满足94%的用户需求，6%需要向其他资源域再次进行调配：Output—Send to Port—Random by Percentage：94% to port 1，6% to port 2
Processor 5	资源调度（RS）	运作各流程的服务时间设为固定值1：Process Time = 1。根据任务分发标准执行指令进行配送资源的调配及协调：Triggers—On Exit—Set Color By Case
Processor 6	发送指令执行任务	运作流程的服务时间设为固定值1：Process Time = 1

续　表

模型元素	系统元素	备注
Processor 7 ~ 11	资源域子层 (Grid 1 ~ 5)	运作各流程的服务时间设为固定值 1：Process Time = 1。按照资源调度（RS）分发的标准执行指令进行配送资源的调配及协调：Flow—Input—Pull Requirement—Specific Itemtype
Sink 12 ~ 14	结束	服务完成/用户离开平台

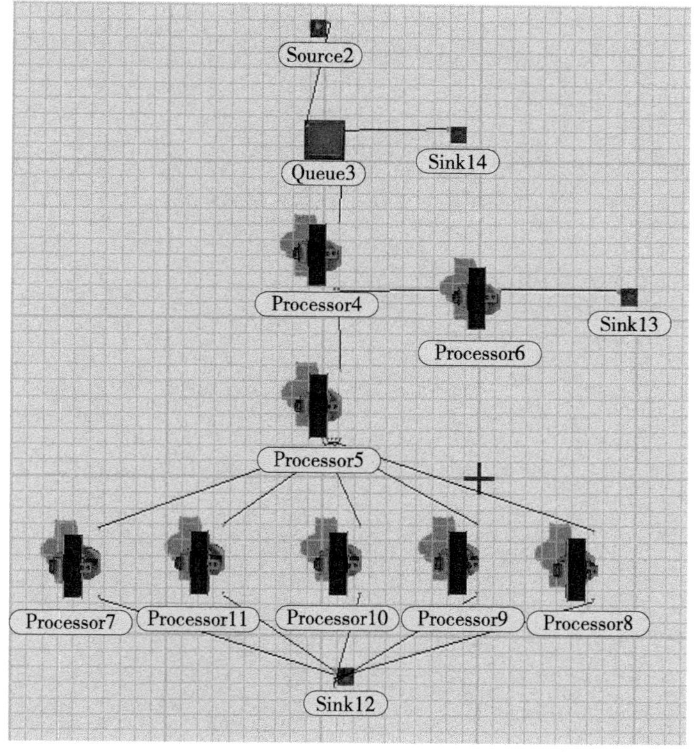

图 5－7　网格化业务流程模型仿真构建

5.3.5　仿真效果分析

仿真结束后，系统自动生成并输出每个实体的状态统计值，按照评价指标对其进行整理得到一组分析数据，具体阐述如下（根据不同时期的日需求量，两个模型分别进行了 3 次仿真，日需求量 1.5 吨、1.2 吨、1.0 吨分别为仿真 1、2、3）。

（1）平均排队长度。

根据业务服务流程，计算出网格化和非网格化平均排队长度和平均队长的分析比较数据如表 5 –5 所示，其中，平均队长在本仿真为等待服务的用户数加上正在接受服务的用户数的期望值。从图 5 –8 可以看出，无论是平均排队长度还是平均队长，网格化整合模型都小于非网格化的仿真模式，说明通过网格化资源整合能够减少服务拥挤度，提高服务效率。

表 5 –5　平均排队长度和平均队长数据收集　单位：米

测评指标	仿真 1		仿真 2		仿真 3	
	非网格化	网格化	非网格化	网格化	非网格化	网格化
平均排队长度	0.573	0.250	0.390	0.135	0.297	0.085
平均队长	2.021	1.215	1.545	0.905	1.256	0.724

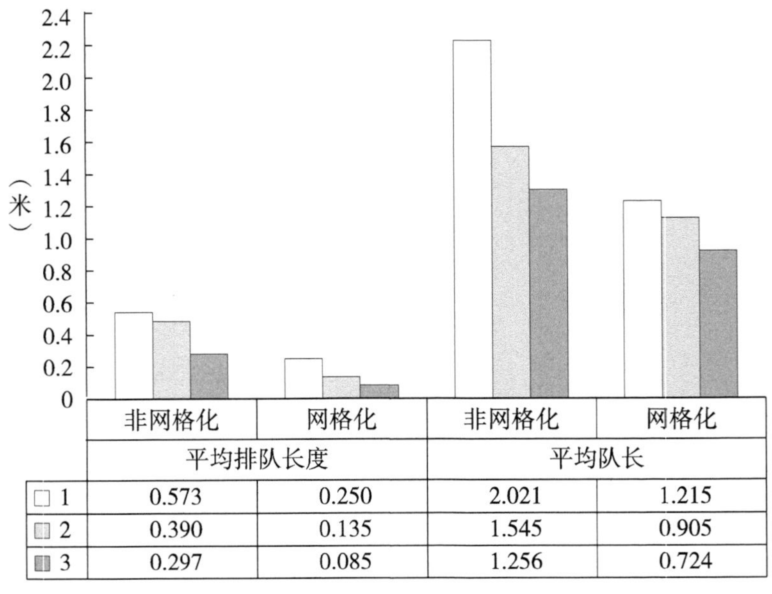

图 5 –8　平均排队长度和平均队长分析比较

（2）平均等待时间。

根据业务服务流程，计算出网格化和非网格化平均等待时间和平均逗留时间的分析比较数据如表5－6所示，从图5－9中可以直观地看出，通过网格化进行资源整合模型的平均等待时间和平均逗留时间都小于非网格化的仿真模式，其中网格化的平均等待时间几乎为0，这反映了网格化资源整合后的配送服务响应能力大大优于非网格化的配送体系。

表5－6　　平均等待时间和平均逗留时间数据收集　　单位：秒

测评指标	仿真1		仿真2		仿真3	
	非网格化	网格化	非网格化	网格化	非网格化	网格化
平均等待时间	1.445	0.480	1.279	0.324	1.197	0.245
平均逗留时间	5.445	3.313	5.279	3.157	5.197	3.078

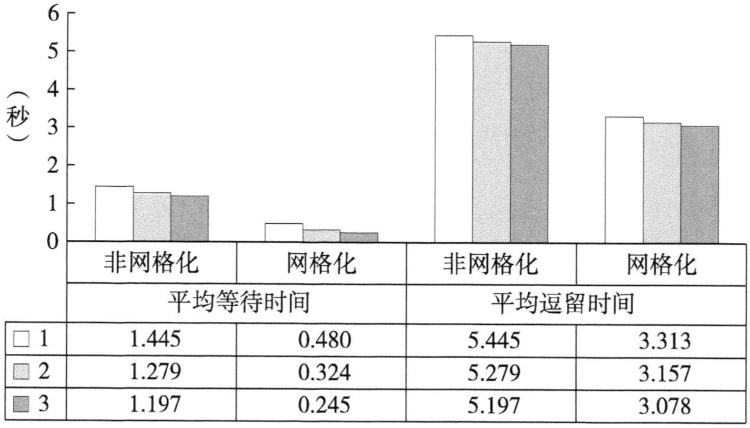

	平均等待时间		平均逗留时间	
	非网格化	网格化	非网格化	网格化
1	1.445	0.480	5.445	3.313
2	1.279	0.324	5.279	3.157
3	1.197	0.245	5.197	3.078

图5－9　平均等待时间和平均逗留时间分析比较

（3）资源利用率。

本次仿真中所设定的资源容量为固定值15000，故瞬态和均态资源利用率的值是一样的，因此此次分析表只需考虑均态资源利用率，即为整个业务流程运行过程中平均处于繁忙状态的资源单位个数除以平均可用资源单位个数。网格化和非网格化的资源利用率计算如表5－7所示。

表5－7　仿真资源利用率数据收集

资源利用率	仿真1	仿真2	仿真3
非网格化	18.10%	14.44%	11.99%
网格化	35.09%	28.01%	23.26%

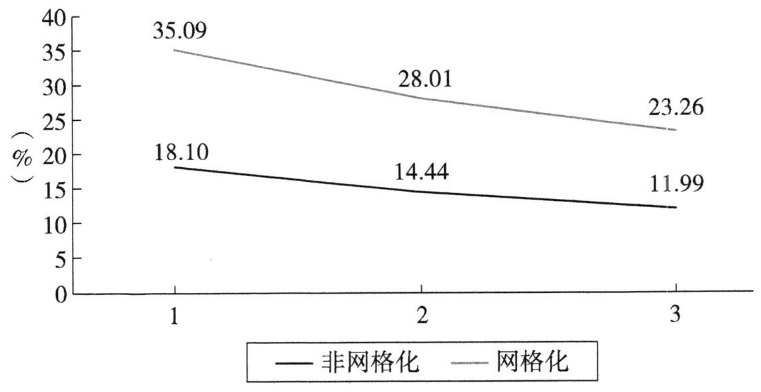

图5－10　仿真资源利用率分析比较

从图5－10中可以直观地看出，网格化模型相较于非网格化模型的资源利用率普遍较高，说明网格化管理后的资源整合效果明显。

最终从仿真结果的几个测评指标分析中，可得出网格化物流资源整合模式在平均排队长度、平均队长、平均等待时间、平均逗留时间以及资源利用率上较传统模式（非网格化）都有明显的优势。即通过网格化管理整合后，其系统的响应时长和服务拥挤度都大大减少，系统服务能力提高，资源整合效果明显。虽然资源利用率均未达到50%，但此模型能够清楚描述农产品物流资源整合的业务流程：需求发出—需求受理—任务分解—任务执行—服务完成。若改变影响用户的需求到达或者服务时间、资源配置限制、任务分配比例等参数，可得到不同的优化结果，通过不断地修改参数和测试，会得到最优化结果。

5.4 小结

本章首先介绍了农产品物流资源整合的方法。其次说明了网格化管理应用于北京市农产品配送资源整合研究的合理性，并且以“资源共享、协同工作”为目标，从系统整合的角度，构建了全产业链重产品型农产品物流资源整合模式，讨论了模式构建中的农产品物流资源集成层和业务服务流程层中具体的设计，对农产品物流资源整合网格（资源域）进行定量划分，对农产品物流资源整合运作流程进行详细介绍。再次将全产业链重产品型流通组织模式背景下北京市农产品物流资源整合模式进行模拟仿真，通过与传统货物配送服务模式（非网格化）进行比较，分别对两种模式抽象进行模型描述，详细地介绍了其仿真逻辑模型在 FlexSim 系统中的具体模型实体设计，并分别按照北京市不同时期的蔬菜需求量，进行了 3 次仿真。最后对仿真结果进行比较，得出在平均排队长度和等待时间上，网格化资源整合模式的服务要大大优于非网格模式，并且其资源利用率也有所提高。但由于其资源利用率尚未达到 50%，需要在下一步研究中继续对影响用户的需求到达或者服务时间、资源配置限制以及任务分配比例等参数进行调整，可进一步优化模型。

6 研究结论

本书在当前北京果蔬农产品生产方式以散、小为主，农产品的流通以批发市场模式为核心的背景下，以“茄子”流通为例、基于成本比较对农产品价格的影响因素进行比较研究，并通过国内外不同生产方式对农产品流通、物流影响的比较，提出全产业链重产品型农产品流通组织模式创新，并且运用DEA模型对北京市新、旧果蔬农产品流通模式效率进行比较，证明全产业链重产品型农产品流通组织模式的优越之处。

本书从系统的角度阐述了全产业链重产品型农产品流通组织模式，为新环境下北京农产品的流通提出一条新思路。然而，全产业链重产品型农产品流通组织模式的创新是一个系统工程，它的实现不仅依托于企业，还有赖于政府部门的支持。首先，企业通过以全局化思想为指导，以控制果蔬农产品资源为核心，通过打造核心企业，通过科技创新和品牌效应，通过全面一体化管理，实现基地一体化、市场一体化、信息一体化、品牌一体化，提高农产品的竞争力，扩大农产品生产流通的“蛋糕”，使全产业链各参与方都受益。其次，政府应该鼓励农产品科技创新和品牌战略，并提供相应的政策支持。

在当前农产品品牌竞争加剧，食品安全问题层出不穷的背景下，全产业链重产品型农产品流通组织模式创新是解决北京农产品供应、质量安全问题的重要手段，是平抑价格、加强应急储备的重要载体，是实现农民增收、市民受益的有利途径，也是满足世界城市对农产品绿色、高端需求的重要保障。只要积极运用全产业链重产品型农产品流通组织模式创新，不仅能够有效缓解在农产品批发市场外迁背景下北京农产品的生产与流通问题，也能提高在全球化的背景下，我国农产品的竞争力。

参考文献

[1] 李秀明. 北京市生鲜农产品流通模式研究 [D]. 北京：北京物资学院，2011.

[2] 黄修莉，徐菱. 我国农产品生产模式的发展研究 [J]. 江苏农业科学，2012，40 (9)：419 -421.

[3] 杨丹丹. 农民专业合作社在农产品流通体系中的参与及作用——以江西省农民专业合作社为例 [J]. 山西农业科学，2016，44 (11)：1729 -1732.

[4] 王爱芝. 国外农业合作社的发展趋势及对我国的启示 [J]. 开发研究，2010 (1)：96 -101.

[5] 杜志雄，肖卫东. 家庭农场发展的实际状态与政策支持：观照国际经验 [J]. 改革，2014 (6)：39 -51.

[6] 许经勇. 建构现代化新型农业经营体系 [J]. 学习论坛，2016，32 (1)：29 -32.

[7] 王继冬. 中国式家庭农场规模效益分类研究 [J]. 中国农业资源与区划，2016，37 (6)：154 -157.

[8] 郑爱珍. 现代生物技术在农业生产中的应用及前景 [J]. 安徽农业科学，2005，33 (7)：1258 -1260.

[9] 陈道雷. 我国生物技术在农业生产中的应用及存在的问题研究

[D]. 重庆：西南大学，2013.

[10] 李国锋，张振华，邹铁. 农业生产标准化存在的问题及对策建议 [J]. 江苏农业科学，2016，44 (2)：468 -470.

[11] 张书. 农业生产服务标准体系研究 [J]. 中国质量与标准导报，2016 (3)：45 -47.

[12] 梁涛. 美国家庭农场发展现状及启示 [J]. 农村金融研究，2013 (12)：10 -15.

[13] 马雯秋. 美国发展家庭农场的经验及对我国的启示 [J]. 农业与技术，2013 (7)：203 -205.

[14] O'DONOGHUE E J. Changing organization of U. S. farming [J]. AGRIS，2012.

[15] 张建. 日本农业结构改革中的农协问题分析 [J]. 华东师范大学学报 (哲学社会科学版)，2015，47 (2)：83 -91.

[16] 杨媚，刘小玲，前澤重礼. 日本农产品流通体系中农协与批发市场的关系研究 [J]. 南方农业学报，2014，45 (5)：891 -897.

[17] 袁国华，刘楠. 荷兰农业合作社的发展经验和启示 [J]. 今日海南，2016 (11)：45 -47.

[18] 潘治，洪天牧. 荷兰农业合作：小国土 大农业 [J]. 农村·农业·农民，2013 (5)：51 -52.

[19] 王岳含. 我国农产品现代化流通模式构建 [J]. 商业经济研究，2016 (17)：160 -162.

[20] 邹华玲. 基于现代物流的农产品流通模式研究 [J]. 今日南国，2010.

[21] 李碧珍. 农产品物流模式创新研究 [M]. 北京：社会科学文献出版社，2010.

[22] 王志伟，冉文学．农业现代化背景下农产品流通模式研究 [J]．中国物流与采购，2013．

[23] 查伟华．基于循环经济的农产品物流模式及策略研究 [J]．特区经济，2011．

[24] 赵英霞．供应链视角下的农产品物流发展研究 [M]．北京：中国物资出版社，2010．

[25] 唐秀丽，邬跃．全产业链重产品型农产品流通组织模式创新研究 [J]．物流技术，2012．

[26] 张顶兰．我国农产品流通渠道模式创新研究 [D]．北京：首都经济贸易大学，2014．

[27] 中国新闻网．保障食品安全应重视物流拓扑网络及关系数据库建设 [EB/OL]．[2013－02－20]．http：//finance. chinanews. com/life/2013/02－20/4580665. shtml.

[28] 霍艳芳，姜新月．基于核心制造企业的供应链整合及绩效评价研究 [J]．物流技术，2014．

[29] 潘华．面向制造业产业链的集成体系框架研究 [J]．计算机应用研究，2013．

[30] 许益亮．农产品全产业链运行模式研究——以浙江寿仙谷为例 [J]．财经论丛，2013．

[31] 刘志萍．基于网格化管理的电子商务物流配送体系研究 [D]．北京：北京交通大学，2009．